RECORDAR, OBSERVAR E REGOZIJAR-SE
Um Guia para as Festas, Feriados, Dias Comemorativos e Eventos Judaicos.

Petra van der Zande

Referências bíblicas tomadas da Biblia João Ferreira de Almeida; Nova Tradução na Linguagem de Hoje 2000 (NTLH) Copyright 2000 Sociedade Bíblica do Brasil. Todos os direitos reservados - All rights reserved.

ISBN 978 965 7542 54 5

Tradução: Rita A. Adams
Revisão: Laura Garcia

Mapas e fotos: salvo indicado, tiradas da internet (domínio público).
Desenho gráfico: Petra van der Zande.
Publicado por: TsurTsina Publicações Jerusalém, Israel.

Impresso por PRINTIV, Jerusalém, Israel & www.lulu.com

Este livro pode ser encomendado entrando em contato com:
Website: http://www.lulu.com
E-mail: tsurtsinapublications@gmail.com

Resumo: Guia de referência sobre quando, porque e como as Festas, Feriados e eventos Judaicos eram celebrados antigamente e na atualidade em Israel.

"Esta é a história de um povo que foi espalhado por todo o mundo
E ainda assim permaneceu como uma única família;
Uma nação que muitas vezes Foi condenada à destruição
E ainda assim se levantou das ruínas e surgiu para uma nova vida."
Abba Kovner

**Abba Kovner
(1918-1987)**
Foi um poeta Hebreu Judeu da Lituânia, escritor e líder partidário.
Ele se tornou um dos grandes poetas do Moderno Estado de Israel.

"E outra vez diz: Alegrai-vos, gentios, juntamente com o povo.
E outra vez: Louvai ao Senhor, todos os gentios, E celebrai-o todos os povos."
Romanos 15:10-11

INTRODUÇÃO

Há vários livros bons no mercado sobre o significado e importância espiritual das Festas Bíblicas e as lições que os Cristãos podem apren-

LEMBRAR	das obras maravilhosas. Salmo 105: 5
OBSERVAR	seus estatutos. Salmo 105: 45
ALEGRAR	com a sua salvação. Salmo 13: 5

der com elas. Esta publicação é um guia simples para os Festivais, Festas, Celebrações e eventos Judaicos que um visitante de Israel pode vivenciar. Ela explica o porquê, quando e como estes eventos foram observados nos tempos antigos e como são realizados hoje em dia em Israel.

Tendo retornado para Eretz Israel de todos os cantos da terra, muitas comunidades Judias continuam a celebrar eventos de uma maneira própria e especial. A fim de simplificar, eu escolhi descrever principalmente os costumes da comunidade Ashkenazi. Palavras Hebraicas são escritas em itálico, incluindo a palavra *Torah*. No glossário de termos você pode encontrar uma breve explicação das palavras que são marcadas com um asterisco (*).

Vários temas presentes neste livro foram publicados como artigos separados em '*A Word From Jerusalem*' (Uma Palavra de Jerusalém), a revista da Embaixada Cristã Internacional de Jerusalém. Um livro anterior (auto publicado), '*A Christian Guide to the Jewish Festival of Sukkot*' (Um Guia Cristão da Festa Judaica dos Tabernáculos), dá informações mais detalhadas sobre 'o quê' e 'como' da Festa dos Tabernáculos e sobre as Quatro Espécies em particular.

Simcha significa 'alegria' ou 'regozijo'. O mandamento para se alegrar, um elemento básico na vida religiosa Judaica, pode ser encontrado em muitos versículos da Bíblia. Por exemplo, Deuteronômio 16: 14-15 diz: "Você deve se alegrar em seu festival... e ser apenas feliz". Além disso, "Meu coração se regozija na tua salvação" (Salmo 13: 5). "Adore o Senhor com alegria, entre em Sua presença com cânticos de alegria" (Salmo 100: 2).
O mandamento para se alegrar (*Simcha shel mitzvah*) acompanhou os Judeus ao longo da história. Eles estavam (e ainda estão) felizes de desfrutar cada evento no ciclo da vida Judaica - da circuncisão ao *bar mitzvah* e ao casamento. E acima de tudo, há alegria contínua em comemorar as festas de peregrinação e o Shabbat.

Em 1989, meu marido Wim (William) e eu viemos a Jerusalém como voluntários da Embaixada Internacional Cristã de Jerusalém. Nos 28 anos em que vivemos aqui, comemoramos e apreciamos muitos dos feriados e eventos que são descritos neste livro.
Como uma pessoa não-Judia que ama Israel e seu Povo, é maravilhoso ser capaz de celebrar as festividades bíblicas. Eu considero um privilégio fazer parte de suas festas, celebrações, eventos e comemorações. Especialmente quando assisto cerimônias como o juramento dos soldados do IDF e vejo que o Povo de Israel é verdadeiramente uma grande família - a Menina dos olhos de Deus.

Espero que este livro lhe ajude a apreciar melhor as Festas Bíblicas e as Festas e Eventos Judaicos. Aprender mais sobre a cultura do Povo Judeu lhe permitirá (de alguma forma) ter um amor mais profundo pela Palavra de Deus.

Petra van der Zande, Jerusalém, Israel, 2017

CONTEÚDO

CONTEÚDO

CONTEÚDO

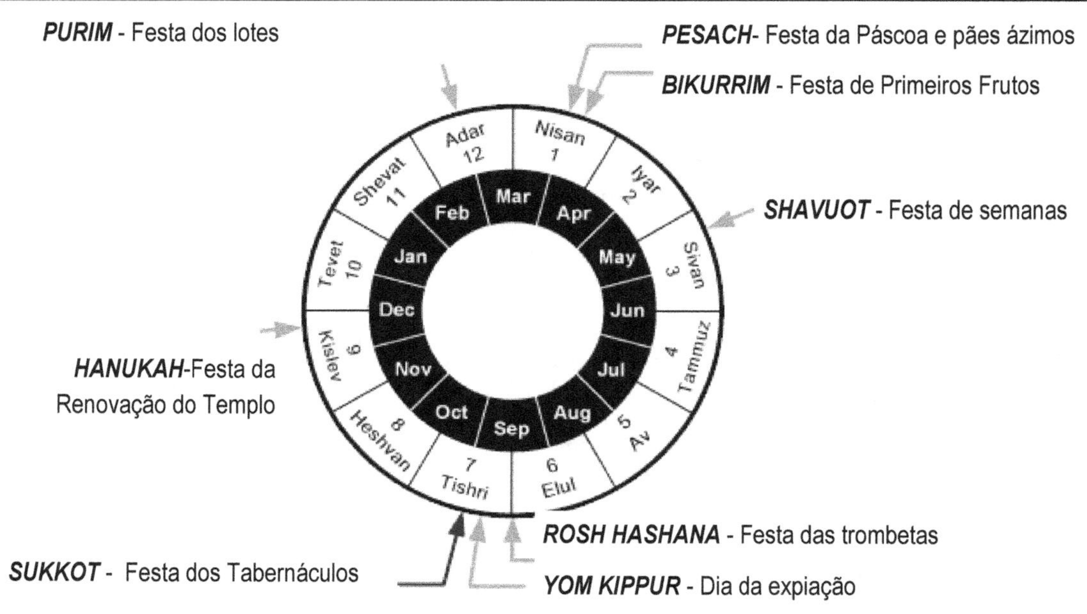

Ano Judaico Religioso: começa no dia primeiro do primeiro mês (*Nisan*) – Pessach.

Ano Judaico Civil: começa no primeiro dia do sétimo mês, com o ano novo Judaico (*Tishri*) - Rosh Hasha-nah.

Ashkenazim e Sefardismo - Qual é a diferença?

A diferença entre Ashkenazim e Sefardismo encontra-se principalmente em seus ritos de oração. Os costumes de oração Sefarditas datam da época dos Judeus Babilônicos, enquanto os Ashkenazi seguem a tradição litúrgica dos Judeus de Eretz Israel.

Os livros de oração são ordenados de forma diferente, e existem diferentes narrativas declamatórias para ler o Pentateuco.

Cada comunidade também tem costumes e tradições únicas de casamento, circuncisão, sepultamento e festividades. Por exemplo, durante a Páscoa os Sefarditas comem arroz, alimento proibido para os Ashkenazi.

Em Israel, ambas as comunidades têm vivido lado a lado durante séculos. Durante o período do Mandato Britânico, o Rabinato Chefe foi estabelecido com um rabino-chefe Sefardita e outro Ashkenazi. Essa prática é mantida na atualidade.

Yona Metzger (Ashkenazi) y
Shlomo Amar (Sefardita)

CAPÍTULO 1

O CALENDÁRIO JUDAICO

Israel tem dois calendários - o calendário ocidental Gregoriano (Solar) e o calendário religioso Judaico (Lunar). Os Feriados Judaicos seguem o calendário Lunar e, portanto, as datas no calendário ocidental variam a cada ano. O dia Judaico começa no pôr do sol, então as celebrações iniciam-se ao anoitecer e não no início da manhã.

Apesar de o ano ser solar, o calendário Judaico segue meses lunares, cada um com 29 ou 30 dias. Alguns estudiosos acreditam que os meses lunares derivam de calendários dos antigos nômades e que os anos solares são uma invenção das sociedades agrícolas; o calendário Judaico combina os dois.

Todas as festas bíblicas (*Pessach, Shavuot e Sukkot*) começam na lua cheia, no meio do mês. Uma vez que doze meses lunares não formam um ano solar completo, 'meses adicionais' são intercalados no calendário em sete dos dezenove anos que compõem um ciclo. O mês de 30 dias é chamado de *Maleh* (completo) e o mês de 29 dias é chamado de *chaser* (incompleto).

Calendário Gregoriano - Ano Solar
Cerca de 365¼ dias
A cada 4 anos um dia é adicionado (29 de Fevereiro)

Calendário Judaico - Ano Lunar
354 dias (= 11¼ dias a menos)
A cada 2 ou 3 anos, um mês é adicionado (segundo *Adar*).

CAPÍTULO 2

"Lembra-te do dia do sábado, para o santificar. Seis dias trabalharás, e farás todo o teu trabalho; mas o sétimo dia é o sábado do SENHOR teu Deus... Porque em seis dias fez o SENHOR o céu e a terra, o mar e tudo o que neles há, e ao sétimo dia descansou; por isso o SENHOR abençoou o dia do sábado, e o santificou." Êxodo 20: 8-11

SHABBAT/SABBATH - SÁBADO

Shabbat (Yiddish: *Shabbes*) é o sétimo dia da semana Judaica - um dia de descanso. Após seis dias de criação, Deus santificou o Shabbat. A palavra vem do hebraico *shavat* (repouso ou cessamento do trabalho). É um dia santo (Gênesis 2: 1-3) e foi ordenado pela primeira vez após o êxodo do Egito (Êxodo 16:26). É o quarto dos Dez Mandamentos (Êxodo 20: 8-11).

Nos tempos antigos, profanar o *Shabbat* era punido com apedrejamento. Apenas em caso de *pikuach nefesh* - quando uma vida humana está em perigo, o Shabbat pode (e deve) ser violado. Alguém que segue as leis do Shabbat é chamado de *shomer Shabbat*.

O Shabbat tem três finalidades:

♦ **Lembrar - *yizkor*** - a redenção da escravidão Egípcia
♦ **Comemorar - *shamor*** – a criação do universo de Deus
♦ É uma antecipação de tempos Messiânicos

Um Shabbat típico começa entre 2 e 3 horas da tarde, quando os Judeus observantes saem do trabalho ou fecham sua loja e vão para casa. Tudo é preparado como se estivessem esperando a chegada de uma rainha ou de um convidado especial. A casa é limpa, membros da família tomam banho e vestem roupas festivas. A mesa é posta com louça bonita e uma refeição festiva e especial é preparada.

Dezoito minutos antes do pôr do sol, a dona da casa profere uma bênção sobre duas velas de Shabbat dizendo:
"Bendito és Tu, Senhor, nosso Deus, soberano do universo, que nos santificou com Seus mandamentos e nos ordenou acender as luzes do Shabbat. Amém."
As duas velas representam o mandamento de *zechor* (lembrar) e *shemor* (guardar) o dia do Shabbat para santificá-lo.

Os homens caminham até a sinagoga mais próxima, onde assistem a um breve serviço (45 minutos). Os serviços do Shabbat começam na sexta-feira à noite com a *Mincha**, seguida pela *Kabbalat Shabbat* (literalmente recebendo o Shabbat) e o canto dos *Yedid Nefesh*.

As orações *Kabbalat Shabbat* são compostas de seis salmos: 95-99 e 29, representando os seis dias da semana.
O poema *Lekha Dodi* ('venha meu amado'), é um convite de um misterioso 'amado', que poderia significar Deus ou um amigo(s), para se unirem em *likrat kallah* (para dar as boas vindas à noiva [*Shabbat*]).

Durante o canto do último verso, a congregação levanta-se e vira-se para a porta aberta, para cumprimentar a Rainha Sabbath que está para chegar. O serviço é concluído ao recitar os Salmos 92 e 93.

Lekhah Dodi, uma música litúrgica, é parte do serviço *Kabbalat Shabbat* na sexta-feira à tarde. *Lekhah Dodi* significa 'venha meu amado' e é um pedido de um misterioso 'amado', que poderia significar Deus ou um amigo(s), para se unir e acolher o *Shabbat*. O *Likrat kallah* ('saudar a noiva [*Shabbat*]').

LEKHAH DODI

Venha, meu amado,
para cumprimentar a noiva,
Demos as boas vindas ao Shabbat!
'Observar' e 'Lembrar' em uma
única palavra;
Nosso incomparável Deus nos fez ouvir.
O Senhor é Um,
e o nome de Deus é um só,
Famoso, glorioso, e louvável.
Vamos sair e cumprimentar o Shabbat,
Porque é a fonte de bênção.
Honrado desde o início,
desde os tempos antigos;
O fim da criação,
mas primeiro no pensamento.
Acorde! Acorde!
Que sua luz veio, levanta-te e brilha!
Acorde! Acorde! Proferem uma canção:
A glória de Deus é revelada em você!
Entre em paz,
coroação de nosso domínio,
Também na alegria e na felicidade,
Em meio aos fiéis, o povo santo,
Entre, Noiva. Entre, Noiva.

Durante o canto do último verso, toda a congregação levanta-se e vira-se para a porta aberta, para cumprimentar a 'Rainha *Shabbat*', quando ela chega.

Foi composta no século XVI pelo rabino Shlomo Halevi Alkabetz, um cabalista de Safed. Como era comum na época, a música é também um acróstico - as primeiras letras soletram o nome do autor. Grande parte da fraseologia vem da profecia de Isaías sobre a restauração de Israel e imagina Israel como a noiva no grande Shabbat, quando o Messias aparece.

Antes de a refeição começar, os pais abençoam seus filhos. O pai ou a mãe coloca as mãos suavemente sobre a cabeça da criança, e abençoa o menino, dizendo:
"Que Deus te faça como Efraim e Manassés".
Uma menina é abençoada dizendo:
"Que Deus te faça como Sara, Rebeca, Raquel e Léa".
Juntos, os filhos são abençoados dizendo:
"O Senhor te abençoe e te guarde. O Senhor faça resplandecer o seu rosto sobre ti e tenha misericórdia de ti. O Senhor sobre ti levante o seu rosto e te dê a paz."

A mãe é abençoada com o Provérbio 31.

Em seguida o anfitrião levanta um copo de vinho e recita o *Kiddush* - uma oração sobre o vinho, santificando o Shabbat:
"Bendito és tu, Senhor, nosso Deus soberano do universo que cria o fruto da videira. Amém."

Challot, o plural Hebraico de *challah*, são os pães trançados consumidos tradicionalmente no Shabbat. Normalmente há dois challot, porque na sexta-feira Deus deu aos errantes israelitas uma porção dupla do maná para que pudessem descansar no *Shabbat*. Usualmente os *Challot* são trançados como símbolo dos doze pães no templo (um para cada tribo) e da unidade de Israel. A mesa de jantar simboliza o altar do templo. As oferendas eram salgadas antes de serem consumidas, é por isso que o pão é polvilhado com sal.

A bênção sobre o pão diz:
"Bendito és tu Senhor, nosso Deus, Rei do Universo, que traz o pão da terra".
Cada pessoa na mesa recebe um pedaço de pão e todos o comem juntos.

Parte do *Oneg Shabbat* (Alegria do Shabbat) são as três refeições festivas (*shalosh se'udot*). A primeira é comida na sexta-feira à noite, a segunda é o almoço do *Shabbat* e a terceira é uma refeição leve, geralmente de laticínios, consumida no fim da tarde do *Shabbat.*

Após o jantar festivo da noite de sexta-feira, o *birkat ha-mazon* (graça após as refeições) é recitado. Nas casas que guardam o *Shabbat*, os homens estudam e falam sobre a *Torah* antes de ir dormir.

Os serviços de Shabbat matutinos são geralmente realizados a partir das 9 horas até meiodia. Durante o culto da manhã o rolo da *Torah* é retirado da Arca * e a porção semanal é lida seguida pela *haftarah* *. Algumas comunidades recitam orações para o governo do país, para a paz e para o Estado de Israel.

Antes de devolver o rolo da *Torah* para a Arca, o mesmo é carregado pela Sinagoga. Pessoas tocam ou beijam o pergaminho enquanto ele está circulando. Em muitas comunidades ortodoxas, o rabino (ou um membro instruído da congregação) faz um sermão, geralmente sobre o tema da leitura da *Torah*.

Em famílias ortodoxas, a segunda refeição muitas vezes é um guisado - cholent. Judeus Sefarditas chamam-no de *chamim*. Isto é seguido por mais estudo da *Torah*. A partir da tarde muitas famílias, vestidas com suas melhores roupas de Shabbat, saem para dar uma caminhada, leem ou tiram um cochilo.

O *Shabbat* termina ao cair da noite, quando três estrelas são visíveis - cerca de 40 minutos após o pôr do sol.

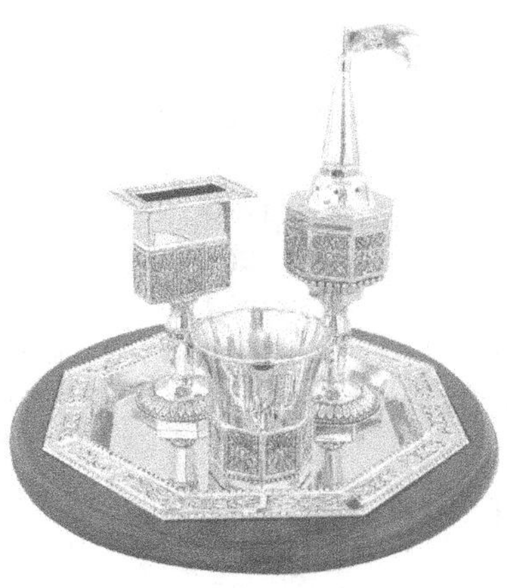

As especiarias, usualmente armazenadas em um recipiente decorativo, são passadas para que a fragrância seja sentida. A *Havdalah* requer o uso de todos os cinco sentidos - saborear o vinho, cheirar as especiarias, ver a chama da vela, sentir seu calor e ouvir as bênçãos sobre os símbolos. Ela marca a separação entre o Shabbat sagrado e a nova semana que agora começou. Todos se desejam, uns aos outros, um '*Shavua tov!*' – 'Uma boa semana!'.

O belo poema *Yedid Nefesh* é comumente atribuído ao cabalista do século XVI, o rabino Elazar ben Moshe Azikri (1533-1600). Alguns o cantam entre a oração da tarde e o início da *Kabbalat Shabbat*. Muitas famílias Judaicas também cantam essa canção durante a terceira (e última) refeição do *Shabbat* antes do anoitecer, marcando o começo de um novo dia e uma nova semana (o Domingo).

Agora é o momento para a *Havdalah* * (separação, divisão), cerimônia que inaugura a nova semana. Uma vela especial de *Havdalah*, trançada (com vários pavios), é acesa e uma oração é recitada. Os convidados na mesa olham para as suas unhas que (supostamente) refletem a luz da vela.

YEDID NEFESH

*Amado da alma, Pai Compassivo,
desenhe o Seu servo a Sua vontade.
Então Seu servo irá se apressar como uma gazela
para se curvar diante da Sua majestade.
Para ele Sua amizade será mais doce
do que o gotejamento do favo de mel e
todos os gostos.*

*Majestoso, bonito, esplendor do Universo
minha alma está doente pelo seu amor.
Por favor, Ó Deus,
cure ela agora lhe mostrando
a afabilidade de Seu esplendor.
Em seguida, ela será fortalecida e curada
e a alegria eterna será sua.*

*Dono de tudo- que Sua misericórdia seja despertada
E, por favor, tenha piedade do filho do Seu amado, porque há muito tempo
eu desejava intensamente
ver o esplendor de Sua força,
só isto há desejado meu coração,
por isso, tenha piedade e não se esconda.*

*Por favor, seja revelado e espalhe sobre mim,
meu Amado,
o abrigo de Sua paz
para que possamos nós alegrar e ser felizes com você.
Apresse-se, amado, pois a hora chegou,
e mostra-nos a graça como nos dias antigos.*

A JORNADA DO *SHABBAT*

"A Jornada de um dia *Sabbath*" não é uma frase usada por Judeus, senão que é de origem cristã.

Nos tempos antigos, os rabinos baseavam as regras de quão longe dos limites da cidade se estava autorizado a viajar. Josué 3:4-5.

"Quando você vê a arca da aliança do Senhor, vosso Deus, levada pelos sacerdotes e levitas, partireis vós também do vosso lugar, e vá atrás dela. No entanto, haverá um espaço entre você e ela, cerca de 2.000 côvados..."

Os rabinos concluíram que 'lugar' significava cidade e, portanto, era aceitável viajar 2.000 côvados (pouco mais de 900 metros) fora dos limites da cidade no Shabbat. Os fariseus tiveram uma interpretação diferente, e permitiram uma jornada de 4.000 côvados (cerca de 1.800 metros) - um pouco mais de uma milha. Nos tempos do Novo Testamento eles teorizavam que se uma pessoa fosse viajar 4.000 côvados no Shabbat, então ela também precisaria retornar e, assim, eles permitiram 8.000 côvados como padrão.

(Negativo) *Mitzvah* * # 321 define o intervalo máximo para caminhar fora da própria cidade de 2.000 côvados (pouco mais de 900 metros). No entanto, esta medida começa a 70 2/3 côvados dos limites da cidade. Em termos práticos, isto significa que não se pode andar em linha reta mais de 960 metros em qualquer direção, nas terras fora dos limites da cidade.

O *SHABBOS GOY*

Um *Shabbos goy* (Yiddish) ou, em hebraico, goy shel Shabbat, é um não-Judeu que executa certos tipos de trabalho que, de acordo com a lei Judaica (*Halacha* *), os Judeus estão proibidos de realizar durante o Shabbat. '*Goy*' em hebraico bíblico significa literalmente 'uma nação', mas é usado principalmente para tipificar um 'não-Judeu'.

Devido a que um Judeu deve respeitar o direito de um não-Judeu de descansar no Shabbat, eles não podem explicitamente pedir-lhes para executar um serviço que é proibido ao povo Judeu.

No entanto, como não se espera que um não-Judeu mantenha o Shabbat, eles podem executar tarefas voluntariamente. Muitas vezes acontece que um Judeu insinua a um não-Judeu que gostaria que ele fizesse determina-do serviço, sem pedir explicitamente. Tais casos são considerados legítimos na maioria das comunidades Judaicas.

Antes do século XX, os *Shabbos goys* geralmente apagavam as velas ou as lâmpadas acesas na sexta-feira à noite e acendiam o fogo do forno ou do fogão nas manhãs do Shabbat durante a época de frio. Uma *goyah shel shabbat* normalmente era uma mulher pobre que era paga com um pedaço de *Challah* ou 10 centavos.

Mesmo hoje em dia, em muitas comunidades Judaicas é considerado legítimo contratar um trabalhador não-Judeu para realizar determinados serviços no *Shabbat,* desde que esse não-Judeu seja pago antecipadamente, de modo que o pagamento seja uma espécie de presente e não um salário.

Um *goy shel Shabbat* (ou Shabbes) não é necessário quando a vida está em jogo (*pikuach ne-fesh*). Os médicos Judeus religiosos trabalham no Shabbat, mas muitas vezes deixam a papelada para o Shabbes. Algumas sinagogas, bairros e famílias ultra ortodoxos têm o seu 'próprio' *Shabbos goy.*

Abu Ali, um *Shabbos goy* moderno em Jerusalém.

Do entardecer de sexta-feira ao por do sol de sábado, Abu Ali (seu apelido) serve a comunidade Judaica ultra ortodoxa de Jerusalém como um *Shabbos goy.*
O muçulmano de 55 anos de idade liga os ar condicionados quando está quente e quando alguém acidentalmente deixa as luzes acessas, ele as apaga. Quando um fusível queima, ele chega à casa para substituí-lo. Em cada *Shabbat*, ele tem que conduzir uma ou mais mulheres para o hospital para dar à luz.

Os amigos e vizinhos muçulmanos de Abu Ali não sabem o tipo de trabalho que ele faz no *Shabbat.* Ele é um muçulmano atípico, servindo Judeus ortodoxos em uma cidade onde as duas comunidades mais frequentemente colidem do que se conectam. No Shabbat, ele se sente como um rei na comunidade ultra ortodoxa. Todos o conhecem e precisam dele. Após o dia de descanso, no entanto, ele volta a ser o muçulmano 'desconhecido'. Ele leva essa situação com calma e naturalidade.

Nos primeiros tempos de sua 'carreira' como um *Shabbos goy,* Abu Ali ajudou na sala de emergência de um hospital nas proximidades. Quando o hospital fechou, ele se mudou para um bairro ultra ortodoxo que ficava nas redondezas. Cada semana, quando seus deveres como *Shabbes goy* começam, ele se instala confortavelmente em seu 'próprio' barracão com uma cadeira de plástico e um pequeno refrigerador cheio de refrigerante. Colado na porta do barracão, com letras hebreias grandes e pretas em um papel amarelo fluorescente, diz: *Shabbos Goy.*

Os Judeus ortodoxos não estão autorizados a pedirem ajuda; por isso a comunidade utiliza seu código especial com Abu Ali. Quando eles dizem: "Está quente hoje, Abu Ali", ele sabe que querem que ligue o ar condicionado. "Está escuro", significa que ele tem que acender uma luz ou substituir um fusível.
Cobra cerca de US$ 10 por visita e levar uma mulher grávida ao hospital custa cerca de US$ 30. Devido a que as famílias ultra ortodoxas não devem pagar a seu *Shabbos Goy* por seus serviços, as pessoas colocam o dinheiro em uma caixa fora da sinagoga do bairro. Depois do *Shabbat*, é claro.

"Eu escolhi o caminho da fé."

A crença no Deus Único e a santidade da vida humana são os valores supremos da Religião Judaica. A Torá e seus mandamentos abraçam a experiência total da vida do homem. Após a destruição do Segundo Templo, a sinagoga representava a continuidade Judaica."

Abba Kovner

A Sinagoga é uma casa Judaica ou Samaritana para oração.
Grego: *synagogē* (assembleia)
Septuaginta: *kahal* (assembleia)
Hebraico moderno: *bayt knesset* (Casa de Reunião) ou *beyt t'fila* (casa de oração)
Yiddish: *shul* (do Alemão: schule - escola)
Ladino: *esnoga*
Persa e Judeus caraítas: *Kenesa* (Aramaico)
Árabe: *knis*
Judeus conservadores e reformistas: Templo

A SINAGOGA

"E há de ser que, se diligentemente obedeceres a meus mandamentos que eu hoje te ordeno, de amar ao Senhor teu Deus, e de o servir de todo o teu coração e de toda a tua alma," Deuteronômio 11:13.

"Qual serviço é realizado com o coração?" pergunta o *Talmud.* "Esta oração." As orações são, portanto, referidas como *Avodah Sheba-Lev* (serviço que está no coração).

Tefilá (plural *tefillos* ou *tefillót*); Yiddish: *davnen** (orar) são recitações que podem ser encontradas no *Siddu*r, o tradicional livro de oração Judaica.
Várias orações são ditas ao levantar-se e quando o *talit katan** (uma peça com *tzitzit **) é feito. Bênçãos acompanham a colocação do *talit ** (grande xale de oração), antes ou durante o culto de oração na sinagoga, e do *tefilin ** (Filactérios).

DITADOS SOBRE A ORAÇÃO

◊ Ao orar, abaixem seus olhos e levantem seus corações.

◊ Que aqueles que são ignorantes do hebraico aprendam as orações em seus próprios idiomas diários, uma vez que a oração deve ser entendida.

◊ Se o coração não sabe o que os lábios proferem, não é oração.

◊ A oração de um homem pobre rompe qualquer barreira e entra na presença do Senhor.

◊ Os portões da oração nunca estão fechados.

◊ Oração é conversa com Deus.

Leituras da *Torah* * (cinco livros de Moisés) e os *Nevi'im* * (Profetas) fazem parte dos serviços de oração.

A oração comunitária com um *minyan* é preferível, uma vez que permite a inclusão de orações que, caso contrário, devem ser omitidas quando se está orando individualmente.

Serviços de Oração Diária

* **Shacharit ou Shaharit** (do hebraico shachar ou Shahar- luz da manhã)
* **Mincha ou Minha** (orações da tarde nomeadas para a oferenda de farinha que acompanhava os sacrifícios no Templo de Jerusalém). Horário: a partir de meia hora depois (halachic) do meio-dia até 2,5 horas antes do anoitecer. Espera-se que as orações sejam completadas antes do anoitecer.
* **Ma'ariv / Arvit** (oração da noite). Horário: ao anoitecer. Em um dia de trabalho, as orações da tarde e da noite são recitadas uma depois da outra para poupar as pessoas de virem à sinagoga duas vezes.

Orações adicionais:
* **Musaf** (adicional) recitada pelas congregações ortodoxas e conservadoras no Shabbat e nas festas Judaicas mais importantes (incluindo *Chol HaMoed* * e *Rosh Chodesh* *).
* **Ne'ilah** (fechamento) é um quinto serviço de oração que é recitado apenas em *Yom Kippur*, o Dia da Expiação.

A maioria das sinagogas têm um *Hechal* *, um grande salão de oração (o santuário principal). Também existem salas de estudo, as vezes um salão social para ocasiões especiais e escritórios de contabilidade. Algumas sinagogas têm uma sala separada para a *bayit Midrash* * (Casa para o Estudo da *Torah).*

Um culto Judeu comum pode ser realizado sempre que se reúna um *minian* * (dez homens Judeus). O culto também pode ser realizado isoladamente ou com menos de dez pessoas reunidas. As Sinagogas ortodoxas têm uma *mechitzah* * (partição), que divide a seção das mulheres da dos homens, ou pode ter uma seção separada para as mulheres localizada na varanda.

Ao longo dos últimos dois mil anos, variações têm surgido entre os costumes litúrgicos tradicionais de diferentes comunidades Judaicas, como Ashkenazi, Sefardita, Iemenita, Chassidic e outras. A maior parte da liturgia Judaica é cantada ou entoada com melodias tradicionais ou tropo.

Um profissional ou lay *chazzan* * (cantor) muitas vezes guia a congregação na oração, especialmente no Shabbat ou nos feriados.

De acordo com o *Talmud,* o mandamento bíblico de orar é para recordar os sacrifícios no templo em Jerusalém. O Patriarca Abraão instituiu a oração da manhã, Isaque a oração da tarde e Jacó a oração da noite.

Da Bíblia, sabemos que o rei Davi e o profeta Daniel oravam três vezes por dia.

"De tarde, de manhã e ao meio-dia me queixarei e me lamentarei; e ele ouvirá a minha voz." **Salmo 55:18**

"[...] Quando Daniel soube que o edital estava assinado, entrou em sua casa, no seu quarto em cima, onde estavam abertas as janelas que davam para o lado de Jerusalém; e três vezes no dia se punha de joelhos e orava, e dava graças diante do seu Deus, como também antes costumava fazer"
Daniel 6:11

A *Halacha* * (lei Judaica) exige que os homens Judeus orem três vezes ao dia; quatro vezes no Shabbat e na maioria dos feriados Judaicos; cinco vezes em *Yom Kippur.*
Mulheres judias ortodoxas são obrigadas a rezar pelo menos uma vez por dia, sem exigência de tempo específico. Devido ao ciclo interminável de gravidez, parto e amamentação (muitas vezes na tenra idade), as mulheres são isentas de quase todos os *mitzvot* * (mandamentos) que exijam um tempo específico.

Mesmo que todas as orações individuais e a maioria das orações comunais possam ser ditas em qualquer língua que a pessoa compreenda, a maioria das sinagogas Ashkenazi ortodoxas usam orações hebraicas. Comunidades Sefarditas podem usar Ladino ou Português para muitas orações, enquanto sinagogas conservadoras e reformistas tendem a usar a língua local.

O Judaísmo, inicialmente, apenas contava com homens no *minyan* para a oração formal. Hoje, congregações conservadoras contam com mulheres no *minyan* e até mesmo têm rabinos e cantores do sexo feminino.

Na maioria das sinagogas, é considerado um sinal de respeito dos participantes Judeus (e não-Judeus) do sexo masculino usar uma cobertura para a cabeça, seja um chapéu ou um *kippah* * (gorro ou yarmulke). As mulheres casadas cobrem o cabelo com uma peruca, lenço, chapéu ou uma combinação deles.

Um *talit* (xale de oração) é tradicionalmente usado durante todos os serviços matutinos, durante a *Aliyah* * à *Torah,* assim como no serviço de *Kol Nidre* * do *Yom Kippur*. Durante os serviços da tarde e da noite, apenas o *chazzan* usa um *talit.*

Tefilin (filactérios) são usados por homens ortodoxos apenas durante as orações da manhã, de segunda a sexta. Sinagogas conservadoras permitem que as mulheres usem o *tefilin.*

Algumas orações da Sinagoga

- *Birkot ha-shachar* (bênçãos da manhã).
- *Pesukei D'Zimrah (*versos de louvor: Salmos 100 e 145-150.
- *Barechu (*chamada pública formal para a oração, incluindo a recitação do Shema).
- *Amidah* ou *Shemoneh Esreh* (uma série de 19 bênçãos).
- *Tachanun* (súplicas).
- *Shema Yisrael* (Ouve O Israel do Deuteronômio 6:4).
- Bênção sacerdotal (Números 6: 24-26).
- *Aleinu.*
- *Kaddish* (oração do enlutado).
- Uva *Letzion* (e [um redentor] virá a Sião). Oração de fechamento, antes da qual não se deve deixar a sinagoga.

Shemoneh Esreh (dezoito/agora dezenove bênçãos), também chamada de *Amidah* (oração de pé), é tradicionalmente atribuída à grande assembleia no tempo de Ezra. As dezoito orações dos dias da semana, *Amidah,* ficaram padronizadas perto do fim do período do Segundo Templo. Durante a Idade Média os textos das orações foram definidos na forma em que são usados hoje em dia.

AVINU MALKENU
("Pai nosso, nosso Rei")

Estas são as palavras de abertura e o refrão da mais antiga ladainha Judaica. Os Ashkenazim recitam esta oração depois do serviço da manhã e da tarde (*Amidah*), durante os dias de penitência e jejum, especialmente em *Yom Kippur,* mas nunca em *Tisha beAv.*

"Pai nosso, nosso Rei
Seja compassivo conosco
e responde-nos,
pois não temos obras.
Concede-nos a caridade e benevolência
e resgata-nos."

Haftarah *
Este é um texto selecionado a partir dos livros de *Nevi'im* * que é lido publicamente na sinagoga após a leitura da Torá em cada Shabbat, bem como nas festas Judaicas e nos dias de jejum.

Ketuvim *
Livros poéticos: Salmos, Provérbios, Jó.
Cinco Megillot (rolos): Cântico dos Cânticos, Rute, Lamentações, Eclesiastes, Ester.
Outros: Daniel, Esdras - Neemias, Crônicas.

Nevi'im *
Nevi'im (Profetas) é a segunda das três seções principais da Bíblia hebraica, o Tanach. Ela está entre a Torah (ensinamentos) e *Ketuvim* (escritos). Profetas é tradicionalmente dividido em duas partes: Profetas Anteriores ou *Nevi'im Rishonim,* que contém os livros narrativos de Josué a Reis, e Profetas Posteriores (*Nevi'im Aharonim*), que contém principalmente profecias na forma de poesia bíblica.

Nevi'im Rishonim: Josué, Juízes, Samuel, Reis, Isaías, Jeremias, Ezequiel.
Nevi'im Aharonim: Oséias, Joel, Amós, Jonas, Obadias, Miquéias, Naum, Habacuque, Sofonias, Ageu, Zacarias, Malaquias.

ADON OLAM (Senhor do Universo)
Esta é a tradução de um popular hino litúrgico
que é cantado durante os serviços na sinagoga.

"Mestre que reina sobre o Universo,
Aqui onde todas as coisas da terra começaram;
Quando seu mandato tudo criou,
Senhor foi o nome que ele ganhou.
E sozinho ele vai governar de enorme maneira
Quando todas as coisas são passado e vão,
Ele não tem igual ou comparação,
Ele, o único e singular,
Não tem começo nem fim;

Seu é o cetro, poder e trono.
Ele é o meu Deus e Salvador,
Rocha a quem eu precisando correrei;
Ele é minha bandeira e meu refúgio,
Fonte de bem-estar a qual chamo,
Em sua mão eu coloco meu espírito,
Ao cair da noite e no surgimento do sol,
E com isso meu corpo também lhe encomendo;
Deus é meu Deus - eu temo ninguém."

TALIT - Manto de Oração

"Porás franjas nos quatro cantos da tua
manta, com que te cobrires"
Deuteronômio 22:12

Um *talit* é um xale de oração Judaico, usado
sobre as roupas exteriores durante as orações
matinais. Anexado aos seus quatro cantos se
encontram os *tzitzit* *, franjas especiais retorci-
das e atadas.

Talit é uma palavra aramaica da raiz 'tll', que
significa coberta, manto ou folha. Desde os
tempos talmúdicos em diante, a palavra se refere ao xale de oração.

Um *talit* tradicional é feito de lã, mas pode ser
feito de qualquer material, com exceção de
uma mistura de lã e linho. Muitas vezes, é dado a um filho para o seu *Bar Mitzvah* ou para
um noivo como parte do dote. O uso do *talit*
remonta ao ano 1800 AEC, mas o desenho era
diferente do que conhecemos hoje.

"Fala aos filhos de Israel, e dize-lhes que façam para si franjas nas bordas das suas vestes, pelas suas gerações; e que ponham nas franjas das bordas um cordão azul." Números 15:38.

O *Techelet* é um corante que os Judeus foram ordenados a usar para o *tzitzit.*
Ao longo do tempo, a fonte do corante foi perdida e, desde então, os Judeus têm usado o *tzitzyot* branco, liso, sem corantes. A redescoberta do caracol que produz o techelet é visto como um sinal da próxima vinda do Messias!

O objetivo de usar *tzitzit* é lembrar os Judeus de suas obrigações religiosas e relembrar o Êxodo do Egito (ver Números 15:40).
Os Judeus religiosos fazem isso através do uso de um *talit katan* (pequeno *talit*). O vestuário com franjas é usado sob a roupa. Ele tem uma abertura para a cabeça e um *tzitzit* ligado a seus quatro cantos. O *talit* katan é muitas vezes feito de lã ou algodão.

O xale de oração, o *talit gadol*, é usado sobre o ombro por todos os participantes do sexo masculino durante os serviços de oração da manhã na sinagoga. Hoje em dia, alguns *talit*ot são feitos de poliéster e algodão. Eles podem ser de qualquer cor, mas são geralmente brancos com listras pretas, azuis ou brancas ao longo da borda.

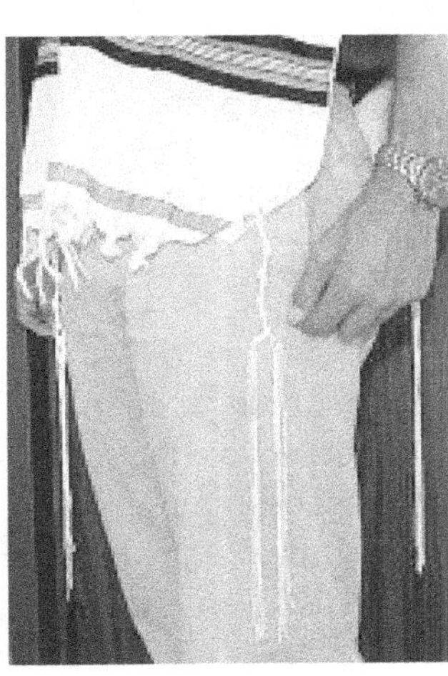

Enquanto recitado o *Shema*, é costume beijar o *tzitzit* cada vez que a palavra é mencionada.

TEFILIN - Filactérios

Tefillin (filactérios) são duas pequenas caixas de couro com a letra *Shin*, contendo quatro passagens bíblicas. Estes são usados por Judeus do sexo masculino a partir dos 13 anos de idade.

Amarrado no braço esquerdo e na cabeça, o Tefilin é usado durante a manhã de serviços, de segunda a sexta, na sinagoga. A cinta principal é atada com um nó na forma de um *dalet*, enquanto que o nó do braço é na forma de um *yud*. Juntamente com o Shin na caixa forma a palavra *shin -dalet- yud -(Shaddai)*, um dos nomes de Deus.

O mandamento para vestir o *tefilin* pode ser encontrado em Êxodo 13: 1-10; 11-16 e Deuteronômio 6: 4-9; 13-21.
Vestir o *tefilin* lembra o homem Judeu que ele está ligado ao serviço de Deus com o coração, a mente e a vontade.

A prática de cobrir o cabelo

A Bíblia apresenta o cabelo como um ornamento, melhorando a aparência de uma mulher. Nos tempos bíblicos, uma mulher prometida tinha que cobrir seu cabelo e o rosto com um véu. O corte de cabelo de uma mulher era uma maneira de torná-la atraente. Deuteronômio 21:12 menciona as leis da mulher cativa. Alguns estudiosos sugerem que o corte de cabelo da mulher a fazia menos atraente para seu captor, talvez até mesmo com a intenção de que no final do mês o seu ardor se apagasse e a deixasse ir embora, em vez de reclamá-la como sua esposa.

Chatam Sofer (1762-1839), um estudioso rabínico dominante e tradicionalista, instigou a lei Judaica que exigia a uma mulher cortar seu cabelo depois que ela casar. Esta prática tornou-se predominante na Europa Central e, especialmente, na Hungria. Embora muitos rabinos se opunham, este ritual se estabeleceu em algumas comunidades.

Cobrindo o cabelo da mulher

No judaísmo pós-bíblico, a cobertura do cabelo marcava uma transição no ciclo da vida da mulher, simbolizando a partida da virgindade para iniciar sua etapa de mulher. A mulher tornou-se inacessível e indisponível para todos, exceto para o seu marido. O véu tinha de ser usado sempre que ela estivesse em companhia mista ou saísse em público. De acordo com a *Mishnah*, a saída de uma mulher com o cabelo descoberto representava uma conduta inaceitável.

Na época da Idade Média, a obrigação religiosa de cobrir o cabelo estava firmemente entrincheirada entre as mulheres de todas as religiões: Judaica, cristã e muçulmana.

Do Véu para a Peruca

No século XVI, na França, tornou-se moda usar perucas, também entre as mulheres judias. O fato foi primeiramente denunciado pelas autoridades rabínicas, mas a maioria acabou aceitando a tendência, o que causou controvérsia nas comunidades Judaicas mais devotas. Algumas mulheres acreditavam que a própria peruca era suficiente, enquanto outras usavam uma peruca com uma cobertura adicional para a cabeça.

No dia do casamento, uma mulher entra em uma relação única com o marido. O Judaísmo vê o cabelo de uma mulher como uma parte sensual e privada de sua aparência. Ao cobrir o cabelo, a mulher expressa para o marido sua devoção exclusiva, seu amor e conexão única. Nos tempos bíblicos, quando uma mulher era acusada de adultério pelo marido, ela tinha que comparecer perante o sacerdote. Parte da humilhação que precedia a cerimônia consistia na descoberta pública ou destrança mento do cabelo da mulher (Números 5:18). A partir disso, o *Talmud* conclui que, sob circunstâncias normais, a cobertura do cabelo é um requisito bíblico para as mulheres.

É esperado que uma mulher casada e religiosa cubra seu cabelo, mesmo em um lugar semipúblico, onde homens não são encontrados. Muitas mulheres religiosas encontram significado no valor da cobertura do cabelo. Para elas é uma expressão essencial e distintiva de sua crença religiosa.

Diferentes tipos de coberturas de cabelo

◊ *sheitel* (peruca)
◊ rede de cabelo
◊ *mitpachat* (hebraico: lenço) ou *tichel* (Yiddish)
◊ chapéu ou boina

Sheitel ou *sheytl* (Yiddish- provavelmente derivado do alemão *Scheitel*); Holandês: *Schedel* (crânio); Hebraico: *pei'ah.*

Mulheres judias ortodoxas casadas são obrigadas pela lei Judaica a cobrir o cabelo. Esta prática é parte do padrão de vestimenta modesto chamado de *Tzeniut* *.
Algumas mulheres Haredi (ultra ortodoxas) cobrem seus cabelos com uma peruca e um chapéu adicional ou boina.

Sheitels tradicionais são protegidos por bonés elásticos e muitas vezes são desenhados com franjas pesadas para encobrir a linha de cabelo original de suas usuárias. O desenho de perucas com linhas de cabelo mais realistas está se tornando mais popular hoje em dia.
A peruca que as mulheres ortodoxas usam é *kosher* *. As mesmas têm um certificado de que não foi feita com cabelo originário de rituais considerados idólatras (a maior parte do cabelo vem de templos hindus da Índia).
Um estilo de meia peruca conhecido como 'cascata' tornou-se cada vez mais comum em muitos segmentos das comunidades modernas e Haredi ortodoxas. Ele é geralmente usado com qualquer chapéu ou bandana.
A fim de não mostrar o seu próprio cabelo, algumas mulheres raspam ou cortam muito curto.

A maioria das seitas Chassidic proíbe às mulheres de usar um *sheitel,* pois pode dar a impressão de que a cabeça esta descoberta. As mulheres pertencentes aos Toldos (Toldot) Aharon muitas vezes raspam a cabeça e cobrem com um lenço.

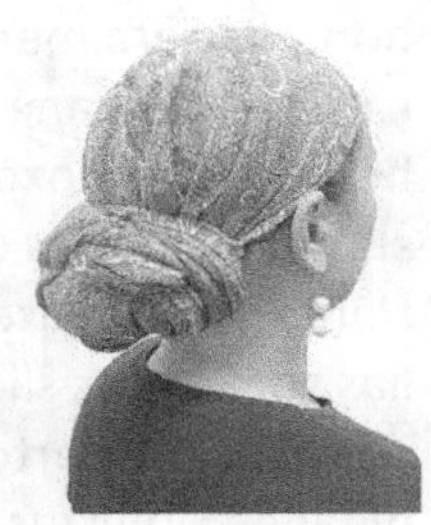

O movimento Chassidic, fortemente antissionista, está sediado no bairro Mea Shearim de Jerusalém. A maioria das meninas Haredi solteiras usam o cabelo preso com um rabo de cavalo simples, enquanto as do Toldot Aharon fazem duas tranças.

As mulheres Sefarditas casadas e aquelas que são Nacionais Religiosas não usam perucas. De acordo com seus rabinos, estas coberturas de cabeça não são suficientemente modestas - um chapéu ou *tichel (mitpachat)* é mais adequado.
Tichels podem variar de uma simples peça quadrada de uma só cor e com um laço simples na parte traseira a um *mitpachat* elaborado com vários tecidos. Estes resultam elegantes e modestos.

Código de Vestimenta Ortodoxo Judaico

O Judaísmo ortodoxo requer que homens e mulheres cubram substancialmente seus corpos, isto é, com roupas modestas.

HOMENS:

Em comunidades Haredi (ultra ortodoxas), os homens geralmente usam calças compridas e camisas de mangas compridas. Enquanto os homens ortodoxos modernos, por vezes, usam shorts e camisas de manga curta, os homens Haredi nunca fazem uma coisa dessas. Sandálias sem meias são normalmente aceitas nas comunidades ortodoxas modernas e nas comunidades Sionistas Religiosas Israelenses como vestimenta de uso diário (exceto na sinagoga). A prática Haredi Ashkenazi desestimula o uso de sandálias sem meias. Já as comunidades Haredi Sefarditas tendem a aceitar o uso de sandálias, até mesmo na sinagoga.

Foto: Mercy Gaynoor

MULHERES:

Mulheres ortodoxas usam blusas com longas mangas (muitas vezes com um colete solto adicional sobre elas) e saias que cobrem os joelhos. As mulheres Haredi evitam saias com fendas e cores atraentes, como vermelho brilhante. A maioria usa sapatos fechados e meias - a espessura aprovada depende da comunidade.

Mulheres ortodoxas modernas geralmente usam camisas ou blusas que cobrem a clavícula e mangas 3/4; e saias abaixo dos joelhos ou longas. Algumas mulheres usam calças.

Muitos Judeus religiosos acreditam que a forma como se veste para ir à sinagoga e em público devem ser comparáveis às roupas usadas quando se encontra a realeza ou funcionários do governo.

CÓDIGO DE CONDUTA

No judaísmo ortodoxo, homens e mulheres não relacionados não estão autorizados a se tocar uns nos outros. (Um aperto de mão rápido em uma reunião de negócios às vezes é permitido.) Abster-se de tocar o sexo oposto é chamado de *shemirat negiah* *. Pais, filhos, avós e netos não se enquadram nesta categoria; tampouco um cônjuge, a menos que ela seja *niddah* * (ritualmente impura durante e após a menstruação). Muitos casais religiosos praticantes não se tocam uns aos outros em público.

Homens e mulheres ortodoxos sem vínculo parental não estão autorizados a se enclausurar em uma sala ou em uma área privada onde ninguém seja esperado (*yichud* *). Isso é para evitar possíveis relações sexuais ilícitas.

Por esta razão, as pessoas deixam a porta entreaberta quando forem realizar uma reunião, ou certificam-se que há mais pessoas na sala.

Originalmente, esta proibição aplicava-se apenas para situações envolvendo mulheres casadas e outros homens diferentes de seus maridos. Depois que o filho do rei Davi, Amnon, estuprou a irmã de Absalão, Tamar, a proibição yichud foi estendida para incluir as mulheres solteiras também.

CAPÍTULO 3

ROSH CHODESH

> **"Semelhantemente, no dia da vossa alegria, nas vossas festas fixas, e nos princípios dos vossos meses, tocareis as trombetas sobre os vossos holocaustos, e sobre os sacrifícios de vossas ofertas pacíficas; e eles vos serão por memorial perante vosso Deus. Eu sou o Senhor vosso Deus. " Números 10:10**

Rosh Chodesh (lit. 'cabeça do mês') é o nome dado para o primeiro dia de cada mês do calendário hebraico, marcado pelo dia e hora em que o novo crescente da lua é observado.
É considerado um feriado menor, semelhante ao *Chol Hamo'ed* *, os dias intermediários de Pessach e Sukkot.

O calendário hebraico foi estabelecido enquanto os israelitas ainda estavam no Egito:

"Ora, o Senhor falou a Moisés e a Aarão na terra do Egito, dizendo: Este mês será para vós o princípio dos meses; este vos será o primeiro dos meses do ano", Êxodo 12: 1-2.

A lua nova e a lua cheia são ambas mencionadas no Salmo 81:3.

Nos tempos antigos, um novo mês era determinado por observadores que olhavam o céu à noite procurando qualquer sinal da lua. O avistamento da primeira lasquinha de lua era imediatamente comunicado ao Sinédrio (o mais alto Tribunal de Justiça e o Conselho Supremo na antiga Jerusalém).

Os líderes judeus perguntavam onde no céu a lua tinha aparecido e em que direção ela estava apontando. Só se duas testemunhas oculares confiáveis e independentes confirmavam que a lua nova tinha aparecido e descreviam-na de forma consistente, o Sinédrio declarava o novo mês. Mensageiros saíam para anunciar às pessoas que o mês tinha começado. Fogueiras eram acesas no alto das colinas anunciando o novo mês para as comunidades vizinhas, que, por sua vez, passavam a mensagem adiante.

Rosh Chodesh tornou-se um dia festivo significativo. Era anunciado com o toque do *shofar* *, comemorado com convocações solenes, festas familiares e sacrifícios especiais. Nos tempos antigos, os festivais anuais e as festas dependiam desta declaração.
Após a destruição do Templo, quando os sacrifícios já não estavam disponíveis, o significado de *Rosh Chodesh* diminuiu.

O calendário judaico atual foi introduzido no tempo de Hillel II (358/9 EC). Cálculos astronômicos substituíram a prática de chamar testemunhas perante o Sinédrio. Com base nos cálculos científicos foi possível calcular o calendário judaico com antecedência.

Hoje, *Rosh Chodesh* é anunciado publicamente no Shabbat antes que ele ocorra, exceto no mês de *Rosh Hashanah* (Ano Novo judaico).

Há uma bênção especial recitada durante o Serviço da Torá, e este dia é chamado de *Shabbat Mevarechim* (o Shabbat da Bênção).

Durante o culto da noite de *Rosh Chodesh* uma oração é adicionada para a restauração do Templo. Na manhã seguinte, a oração é recitada novamente, juntamente com a totalidade ou parte do Hallel (Salmos 113-118). Números 28:1-15 também é lido. O *Mussaf* é um serviço de oração adicional que comemora os sacrifícios originais no Templo. Após o serviço, muitos recitam o Salmo 104.

É costume comer uma refeição especial em homenagem a *Rosh Chodesh.*
O *Kiddush Levanah* * (santificação da lua) é tradicionalmente recitado no primeiro sábado à noite depois de *Rosh Chodesh.*

De acordo com o Talmud, as mulheres estão isentas de trabalhar no *Rosh Chodesh.*

Rashi (1040-1105 EC), o famoso estudioso judeu, descreveu as atividades que elas foram autorizadas a não executar: fiação, tecelagem e costura. Este era o tipo de trabalho que as mulheres faziam quando era preparado o *Mishkan* (Tabernáculo).

Rosh Chodesh tem sido reconhecido como um feriado das mulheres. Por causa do caráter especial do dia, é costume usar roupas novas neste dia.

Mulheres religiosas que comemoram o Rosh Chodesh em Tel Shiloh, o lugar onde o Tabernáculo ficava.

CAPÍTULO 4

PESSACH - PÁSCOA

"E este dia vos será por memorial, e celebrá-lo-eis por festa ao Senhor; através das vossas gerações o celebrareis por estatuto perpétuo." **Êxodo 12: 14-17**

O *Pessach,* a Páscoa, o primeiro dos três festivais de Peregrinação judeus, é sempre comemorado no dia 14 do mês hebraico de *Nisan.* Este dia marca o início do Ano Novo bíblico. A data também determina a duração do reinado de um rei.

A Páscoa comemora o Êxodo do Egito, quando Deus libertou os israelitas da escravidão.
O Shabbat antes da Páscoa é chamado de *Shabbat HaGadol* * porque marca o início da redenção.

Hoje em dia, os judeus observantes passam as semanas anteriores à Páscoa realizando uma faxina completa para remover todas as migalhas de *chametz* * de todas as partes da casa. Este ritual de 'limpeza de primavera' foi copiado por muitos não judeus também.

O *Chametz* (fermentação) é feito a partir de um dos cinco tipos de grãos que, combinados com água, são deixados em repouso por mais de dezoito minutos. Durante a Páscoa, é proibido comer, manter ou possuir *chametz* do tamanho de uma azeitona ou maior.

A maioria dos judeus ortodoxos vai ainda mais longe - até mesmo as rachaduras de balcões de cozinha são completamente limpas para remover quaisquer vestígios de farinha e fermento, ainda que pequenos. Qualquer item ou utensilio que tenha sido usado para manusear *chametz* é geralmente guardado e não utilizado durante a Páscoa.

É possível vender *chametz* a um não judeu (que não é obrigado a observar os mandamentos) em troca de uma taxa simbólica (por exemplo, US$ 1). Geralmente, as pessoas 'vendem' seu *chametz* a um rabino que, por sua vez, atua como um agente e vende-o para um não judeu. No final do feriado, o rabino readquire os bens por menos do que eles foram vendidos.

Algumas pessoas criam um armário *chametz* especial onde eles armazenam seus itens até depois do feriado. As prateleiras dos supermercados que contêm produtos que não são *kosher lePessach* (kosher para a Páscoa) são cobertas com plástico.

A maioria das famílias praticantes têm conjuntos especiais de pratos, copos e talheres (e em alguns casos, até mesmo lava-louças e pias) que nunca entraram em contato com *chametz*. Estes são utilizados apenas durante a Páscoa. Alguns utensílios, como talheres, panelas e frigideiras de metal, podem ser feitos '*kosher* para a Páscoa' através de um processo conhecido como '*kashering*'.

Em bairros religiosos o serviço *kashering* é oferecido por uma pequena quantidade de dinheiro.

A busca de produtos fermentados remanescentes ocorre na noite anterior à Páscoa. Depois de uma bênção especial, um ou mais membros da família vão de sala em sala para verificar se não ficou alguma migalha em algum canto.

A pesquisa é realizada à luz de velas (iluminando os cantos sem lançar sombra), com uma pena (para tirar as migalhas de seus esconderijos) e uma colher de pau (para recolher as migalhas). Estas são queimadas no dia seguinte com o resto do *chametz*.

É habitual esconder 10 pedaços de pão menor do que o tamanho de uma azeitona para assegurar que algum *chametz* será encontrado.

Na manhã do decimo quarto dia de Nissan, todos os produtos fermentados que ainda estavam na casa são queimados. A fim de garantir uma queima segura do *chametz*, municípios colocam incineradores especiais nas esquinas.

Na mesma manhã, primogênitos são ordenados a observar o Jejum do Primogênito que comemora a salvação dos primogênitos hebreus. De acordo com Êxodo 12:29, Deus feriu todos os primogênitos egípcios, enquanto os israelitas não foram afetados.

É habitual que as sinagogas realizem uma *siyum** (cerimônia que marca a conclusão de uma seção de estudo da Torá) logo após as orações da manhã. A refeição festiva que segue cancela a obrigação de jejum do primogênito.

Pessach também é chamada de *Chag haMatsot,* referindo-se ao 'pão' plano, sem fermento. Os israelitas tiveram que sair com tanta pressa que não houve tempo para o pão subir. Deus disse aos israelitas para comer pão sem fermento durante sete dias.

Durante os 40 anos no deserto havia apenas maná. Ao entrar na Terra Prometida, o povo judeu foi capaz de assar matzot com trigo e cevada local, a fim de celebrar uma verdadeira Pessach.

Korban Pessach é o cordeiro que era morto no Tabernáculo e Templo, e que era assado e comido durante o feriado.
O Profeta Samuel reviveu o festival religioso nacional e sob o rei Salomão a festa tomou novo esplendor com a construção do Primeiro Templo. Após sua morte, a idolatria e o paganismo causaram o declínio das celebrações do *Pessach.*
Reis piedosos como Ezequias e Josias restabeleceram o Festival. Após a destruição do Primeiro Templo, o *Korban Pessach* já não podia ser sacrificado e foi substituído por orações, a ingesta de *matzá* e de ervas amargas.

Quando o Segundo Templo foi construído, o *Korban Pessach* foi restabelecido até a destruição do Templo em 70 EC.
Mundialmente, mais de 80% do povo judeu participa de um Seder na véspera deste feriado. Seder significa ordem e refere-se à comemoração do Êxodo do Egito ingerindo tipos especiais de alimentos, lendo a história bíblica e cantando músicas específicas.
Algumas das práticas de hoje já eram seguidas antes da destruição do Segundo Templo em casas de judeus que não podiam ir em peregrinação a Jerusalém.

O *Pessach Haggadah* contém o texto e a ordem da refeição Seder, o que pode levar várias horas para ser concluído.

Logo no início da manhã da segunda-feira e quinta-feira dos dias intermediários, a bênção sacerdotal dos Cohanim ocorre no Muro das Lamentações, na Cidade Antiga de Jerusalém. Cohanim (cujos nomes indicam que são da linhagem sacerdotal de Aarão) dão a bênção Araônica de Números 6: 24-26, enquanto se cobrem com seus *talits* (xales de oração).

A bênção sacerdotal, *birkat cohanim,* também é conhecida como *nesiat kapayim* (levantamento das mãos), ou *dukhanen* (da palavra Yiddish, *Dukhan* - plataforma - porque a bênção era usualmente dada desde uma tribuna elevada).

Em Israel, o feriado de *Pessach* é observado por sete dias; na diáspora, por oito dias. Os primeiros e últimos dias são feriados principais, nos quais o trabalho é proibido (como no Shabbat). Durante os *Chol Hamoed* (dias intermediários), as pessoas estão autorizadas a trabalhar.

Os samaritanos que vivem no Monte Gerizim, próximo de Shechem (Nablus), e os Falashas etíopes são os únicos grupos de pessoas que ainda executam sacrifícios pascais durante o Pessach.

Os feriados de Pessach são verdadeiras férias em família que todo mundo gosta. Durante esses feriados carros começam a exibir a bandeira nacional de Israel.

Pessach Gerazim, 1934

ISRU CHAG

Isru Chag * significa literalmente 'o dia depois do festival' ou 'o dia após a festa'. Durante os tempos do templo, os peregrinos que vinham a Jerusalém em peregrinação começavam sua longa jornada de volta a casa neste dia. Hoje, *Isru chag* (o feriado extra após os três Festivais de Peregrinação) é guardado como um feriado menor.

Uma árvore pode ficar sozinha no campo,
Um homem sozinho no mundo,
Mas nenhum judeu está sozinho em seus dias santos.

Abba Kovner

BIRKAT COHANIM – BÊNÇÃO SACERDOTAL

"Disse mais o Senhor a Moisés: Fala a Aarão, e a seus filhos, dizendo: Assim abençoareis os filhos de Israel; dir-lhes-eis: O Senhor te abençoe e te guarde; o Senhor faça resplandecer o seu rosto sobre ti, e tenha misericórdia de ti; o Senhor levante sobre ti o seu rosto, e te dê a paz. Assim porão o meu nome sobre os filhos de Israel, e eu os abençoarei."

Números 6: 23-27

Birkat Cohanim é o nome hebraico para a 'bênção dos sacerdotes'. (Cohen = sacerdote). Na era do Templo, os Sacerdotes recitavam esta bênção todos os dias.

Hoje em dia há sinagogas que realizam este rito todas as manhãs, outras apenas no Shabbat. Na Diáspora a cerimônia geralmente ocorre apenas em feriados judaicos, quando a congregação está reunida.
Durante a bênção, as mãos do Cohanim estão abertas sobre a congregação com os dedos formando a letra hebraica *Shin.* Isto simboliza a luz do *Shekhina* – da Presença de Deus.

Em muitas congregações os homens colocam seus tallitot (xales de oração) sobre suas cabeças e não olham para o Cohanim, de modo a não se distrair. Durante os Festivais de Peregrinação cerimônias especiais ocorrem no Muro das Lamentações (Kotel).

É habitual ter o gesto da mão sacerdotal gravado em lápides dos túmulos dos Cohanim.

As palavras da bênção sacerdotal, gravadas em rolos de prata, foram encontradas por arqueólogos em túmulos que datam do século VII AEC.

Mr. Spock, da série de televisão Star Trek, usou uma versão da mão da bênção sacerdotal com a saudação 'Vida longa e próspera'.

CAPÍTULO 5

ORANDO PARA O ORVALHO

"Orvalho, orvalho precioso... caia sobre a terra. Do tesouro de Deus seja este registro..." (oração Ashkenazi)

No fim do feriado de *Pessach*, orações para o orvalho são inseridas nos serviços da sinagoga. A Páscoa ocorre no final da estação chuvosa e anuncia o início do verão. A seguinte chuva (*Yoreh*) só pode ser esperada em outubro ou novembro. Em Israel, o orvalho foi (e ainda é) de extrema importância durante os quentes e secos meses de verão.

Entregador de vida, o orvalho continua a ser visto como uma bênção do céu. Em muitas congregações é costume que o cantor vista uma peça de roupa branca, chamada *kittel*, como ele faz nas Grandes Festas, ao recitar as orações para o orvalho.

Desse modo ele desperta a misericórdia divina, que Deus oferece na Páscoa para as colheitas.

Entre *Pessach* e *Shavuot*, as sete espécies (tâmara, azeitona, figo, uva, trigo, cevada e romã) estão em vários estágios de maturação. Cada tipo de fruta precisa de diferentes situações climáticas para garantir uma colheita abundante. Nesta época do ano, o clima é muitas vezes instável - ondas de calor repentinas podem ser seguidas por períodos de frio. Portanto, o resultado da colheita da temporada nunca é certo.

Durante os tempos do Templo, os agricultores traziam *Bikkurim* (os primeiros frutos) das sete espécies. Eles tinham que depender do Deus Uno e Verdadeiro, em oposição aos povos pagãos que acreditavam que deuses pagãos controlavam o clima.

No fim da noite do feriado de *Pessach*, judeus marroquinos começam a celebrar o seu Festival Mimuna.

CAPÍTULO 6

FESTIVAL MIMUNA

Esta tradicional celebração judaica do norte da África marca o início da primavera e o retorno a comer *chametz*. Alguns acreditam que o nome é derivado Maimon, o pai do Rambam, o Rabino Moshe Ben Maimon, e que o Mimuna marcaria a data de seu nascimento ou morte. Depois de se estabelecerem em Israel, imigrantes judeus da África do Norte (Maghrebim) comemoram o Mimuna com suas famílias. Desde 1966, Mimuna tem sido um feriado nacional. A celebração começa no último dia da Páscoa, depois do anoitecer. Marroquinos e Argelinos judeus abrem suas casas para visitantes, que são convidados a desfrutar de uma generosa

variedade de bolos e doces tradicionais do feriado. A mesa também é enfeitada com vários símbolos de sorte e fertilidade,

com ênfase no número '5'; por exemplo, cinco peças de joias de ouro ou cinco feijões arranjados em uma folha de massa.

Em Israel, Mimuna é um feriado popular com festas ao ar livre, piqueniques e churrascos.

O número 5 representa: harmonia e equilíbrio, é o símbolo do universo, características do homem: 5 dedos, 5 sentidos, etc.

CAPÍTULO 7

A CONTAGEM DO *ÔMER*

> *"Até o dia seguinte ao sétimo sábado, contareis cinquenta dias; então oferecereis nova oferta de cereais ao Senhor."*
> **Levítico 23:16**

Nos tempos antigos, o primeiro feixe de cevada era colhido no final do primeiro dia de Pessach, depois do pôr do sol (o começo de um novo dia para o povo judeu). Os judeus ortodoxos continuam com esta prática até hoje. A cevada era trazida para o Templo como uma oferenda de gratidão. A partir daquele dia, a cevada podia ser colhida e utilizada.

Após a colheita do primeiro feixe, quarenta e nove dias eram contados e, no quinquagésimo dia, começava o *Shavuot* (= semanas). Isto também marcava o início da colheita do trigo. Por meio da 'contagem do *Ômer*', os dois principais eventos agrícolas foram conectados. O *Ômer* é uma medida bíblica de volume de grãos.

Durante suas andanças no deserto, os israelitas receberam a Torá no Monte Sinai, no dia de *Shavuot.* Hoje, muitos judeus observantes usam o período da Contagem do *Ômer* para preparar-se espiritualmente para o segundo festival de peregrinação. É um tempo de semi-luto em que eles não fazem a barba, não cortam o cabelo, não ouvem música, não realizam casamentos e não participam de festas nem de jantares com dança.

De acordo com o *Talmud*, 12.000 pares de parceiros estudiosos da Torá morreram durante a ocupação romana - seja por causa de uma praga ou por causa da opressão romana. Em *Lag Ba'omer* (trigésimo terceiro dia da Contagem do *Ômer)* a praga levantou-se (ou a rebelião viu uma vitória), o que é celebrado em Israel com grandes fogueiras. Coisas que no inicio da contagem eram proibidas agora podem ser desfrutadas ao máximo.

Algumas pessoas usam este tempo de luto para lembrar os judeus que foram assassinados durante as Cruzadas, os massacres e os libelos de sangue que ocorreram na Europa durante a Idade Média.

INTRODUÇÃO AOS DIAS COMEMORATIVOS DE ISRAEL

Os dias comemorativos de Israel começam uma semana após o fim do feriado de Pessach. Eles são:

- ◆ *Yom Hashoah* - **Dia da Lembrança do Holocausto**
- ◆ *Yom Hazikaron* - **Dia da Lembrança**
- ◆ *Yom HaAtsma'ut* - **Dia da Independência**

INTRODUÇÃO AOS DIAS COMEMORATIVOS DE ISRAEL

"Tão somente guarda-te a ti mesmo, e guarda bem a tua alma, para que não te esqueças das coisas que os teus olhos viram, e que elas não se apaguem do teu coração todos os dias da tua vida; porém as contarás a teus filhos, e aos filhos de teus filhos;"

Deuteronômio 4: 9

Esquecer significa morrer - Lembrar, Viver

Zechor! Lembre-se!
O verbo ativo é descrito no dicionário como "algo que é mantido vivo na memória, de modo que ele pode ser chamado de pensamento consciente sem esforço".
Recordar / lembrar implica um esforço ou vontade para trazer algo de volta à mente. Rememorar é lembrar para contar outros eventos passados ou experiências pessoais.

Zachar (zechor) é a palavra hebraica para lembre-se, pense, mencione.
Gênesis 8: 1 diz que "*Deus lembrou-se de Noé*".
O Senhor disse a Noé em Gênesis 9:15: "então me lembrarei do meu pacto", e Deus nos deu o arco-íris para nos lembrar de sua promessa para a humanidade.

Deus age em memória ás Suas promessas de aliança. Ele se lembrou de Abraão, do Seu povo. *"Tenho ouvido o gemer dos filhos de Israel... e lembrei-me do meu pacto..."* Êxodos 6: 5-6.
A promessa de Deus de se lembrar foi repetida no acordo que fez no Monte Sinai, quando os israelitas se tornaram um povo. Lemos isso em Levítico 26: 40-45. Os Salmos 98: 3; 105: 8; 42 e 106: 45, também mencionam o fato de que Deus se lembra de Sua aliança.
Em Ezequiel 16:60 Deus se lembra de Sua promessa de restaurar o Seu povo e trazê-lo de volta do cativeiro.

Jeremias 31:34 diz: *"pois lhes perdoarei a sua iniquidade, e não me lembrarei mais dos seus pecados"*.
Deus ordena a Seu povo:
"Lembrai-vos deste dia, em que saístes do Egito", Êxodo 13: 3.
"Lembra-te do dia do sábado, para o santificar", Êxodo 20: 8.
Acima de tudo, *"Lembrai-vos das maravilhas que Ele tem feito",* Salmos 105:5; 1 Crônicas 16:15.

Zikaron significa lembrança, memoria.
Deus disse do Seu nome de aliança (YHWH = Senhor) *"e este é o meu memorial de geração em geração"* (Êxodo 3:15, Salmo 30:4; 135:13).
Deus lembra dos Seus atos para cumprir as suas promessas.
O povo de Deus foi ordenado a manter "*a memória de Amaleque.*" (Êxodo 17:14).

A camada de bronze que cobria o altar (Números 16:40) e o monte de pedras perto do rio Jordão (Josué 4: 7; 20-24) serviram como memoriais perpétuos para os filhos de Israel. Duas 'pedras tumulares' inscritas com os nomes das doze tribos faziam parte da estola sacerdotal.
Antes dos israelitas entraram em batalha, o povo oferecia sacrifícios de ovinos e trombetas eram sopradas. "*... e eles vos serão por memorial perante o vosso Deus*" (Números 10: 9-10).

A palavra grega *anamimnesko* é usada em uma voz ativa, e significa recordar, chamar a própria mente. A anamnese é lembrança.

A palavra é usada ainda hoje pelos médicos quando se referem ao histórico médico de um paciente.

Aqueles que sofrem de amnésia são esquecidos e têm dificuldade em lembrar.
Ao celebrar a comunhão, os cristãos são instruídos a *"fazei isto em memória de mim"*, 1 Coríntios 11: 24-25.

Para o povo judeu, a lembrança é uma parte integrante de suas vidas. A prática de acender velas em memória dos parentes mortos é baseada em Provérbios 20:27: *"O espírito do homem é a lâmpada do Senhor"*.

Originária da Alemanha medieval, a prática espalhou-se para outras comunidades. Como as luzes memoriais devem queimar 24 horas, velas especiais são usadas em suportes de metal ou vidro.

Serviços memoriais e orações especiais (*Hazkarah*) lembram os mortos e manifestam a esperança de que suas almas possam alcançar o repouso eterno. Lemos sobre esta prática antiga em 2 Macabeus 12:43. Judas Macabeu diz ao povo, *"... a fim de orar pelos mortos e fazer expiação por eles, para que eles possam ser limpos de seu pecado"*. Nos tempos talmúdicos estes *hazkarot* * tornaram-se costumes aceitos.

No judaísmo, a lembrança é vista de uma forma positiva. Não inflige culpa ou vingança, mas evoca uma ação positiva à luz das coisas negativas que se abateram sobre a pessoa. É por isso que os hospitais judeus têm paredes com os nomes dos doadores honrando a memória de um ente querido.

Para muitas pessoas, dias comemorativos nacionais são ruins por causa das memórias traumáticas que eles evocam.

O luto é uma parte integral do judaísmo. No entanto, a fim de começar o shiva *, tem que existir primeiro um enterro. Imagine a situação agonizante que uma família enfrenta quando seu filho se perde em ação ou é sequestrado por inimigos de Israel. O povo judeu está disposto a pagar um alto preço para de trazer seus filhos (mortos) para casa.

O Alecrim e a Memória

Arbustos de alecrim podem ser encontrados em toda Israel. Membro da família da hortelã, o arbusto eternamente verde tem um aroma pungente. Os povos antigos já sabiam sobre sua reputação para o fortalecimento da memória. Cientistas modernos têm provado que o cheiro do alecrim é um eficiente estimulante da memória.
Paulo diz em 2 Timóteo 2: 8, "Lembra-te de Jesus Cristo, ressurgido dentre os mortos, descendente de Davi, segundo o meu evangelho". Yeshua, nosso Salvador, ressuscitou dos mortos. Ele é a fonte e o fornecedor de todas as nossas necessidades. Os cristãos nunca devem esquecer a bondade de Deus para com o Seu povo. Não só os judeus, mas também os cristãos devem: ***Lembrar! E viver!***

CAPÍTULO 9

MORTE E COSTUMES
DE SEPULTAMENTO EM ISRAEL

A atitude judaica em relação à morte é uma combinação de desafio e aceitação.
A vida é para ser valorizada e preservada, e a morte é para ser combatida. Nenhum esforço deve ser poupado para salvar uma pessoa que está morrendo. Morrer no dia do aniversário é visto como uma bênção especial de Deus - apenas as pessoas muito especiais morrem em seus aniversários.

Quando alguém morre em casa, o corpo é colocado no chão com os pés em direção à porta. Os olhos e a boca são fechados e o corpo é coberto com um lençol. Uma vela é acesa e colocada perto da cabeça. Desde o momento da morte até o sepultamento, o corpo do defunto não deve ser deixado sozinho. Muitas vezes, a família chama um *shomer* *, alguém para se sentar ao lado do falecido e recitar salmos.

Nos tempos talmúdicos, o anúncio da morte tinha que ser feito de forma indireta, tocando o *shofar*. O homem que chamava à congregação para as orações da manhã na sinagoga, geralmente batia três vezes nas portas ou janelas; quando batia apenas duas vezes, as pessoas sabiam que alguém tinha morrido. Hoje em dia, os membros da família informam-se mutuamente sobre a morte de um ente querido e avisam em que momento o enterro acontecerá - geralmente em 24 horas após o falecimento .

BAYIT KEVAROT (local de sepulturas) ou **Bayit Olam** * - Casa da Eternidade - CEMITÉRIO
A área de um cemitério judaico é considerada sagrada e é reservada só para os enterros judaicos. Alguns cemitérios têm fileiras separadas para homens e mulheres e para comunidades diferentes - por exemplo, Ashkenazim e Sefarditas. Não judeus são enterrados em seus próprios cemitérios ou em seções especiais.

KEVURAH - ENTERRO (O confinamento dos mortos)
Na antiga Israel, deixar um cadáver insepulto era considerado uma afronta terrível (veja 1 Reis 14:11). Era uma obrigação religiosa enterrar os mortos - até mesmo criminosos que tinham sido enforcados (veja Deuteronômio 21:23).
Era visto como uma maldição quando os restos mortais de alguém se convertiam em presa dos pássaros e não havia ninguém para espantá-los (veja Deuteronômio 28:26).
A maioria das comunidades judaicas têm a sua própria *Chevra Kadisha* * (lit. Santa Irmandade) ou sociedade funerária, que prepara o corpo para o enterro realizando um banho cerimonial. A fim de não discriminar entre ricos e pobres, todas as pessoas eram, e são, enterradas em uma mortalha. Uma prática comum desde o ano 200 EC, este costume continua em Israel. Os judeus da diáspora são muitas vezes enterrados em um caixão simples de madeira.

Em Israel, as pessoas são enterradas sem caixão e são cobertas apenas pela *kittel* * e o *talit*. As mulheres são enterradas em mortalhas brancas.

No funeral, os enlutados tradicionalmente rasgam uma vestimenta exterior, ritual conhecido como *keriah* *. Esta peça de roupa é usada durante todo o *shiva* * (período de luto). Considera-se que o enterro oferece uma oportunidade final de expiação para o falecido. Como com um *genizah* *, os judeus enterram coisas como uma forma de 'confinamento' honroso, e queimam as coisas só como uma forma de destruição. A *Halacha* * (lei judaica) proíbe a cremação. Como os nazistas cremaram milhares de judeus durante o Holocausto, a cremação é vista com uma conotação ainda mais negativa.

Hoje em dia, em Israel é geralmente aceito depositar flores em um túmulo, mas algumas comunidades da diáspora veem isso como um costume pagão.

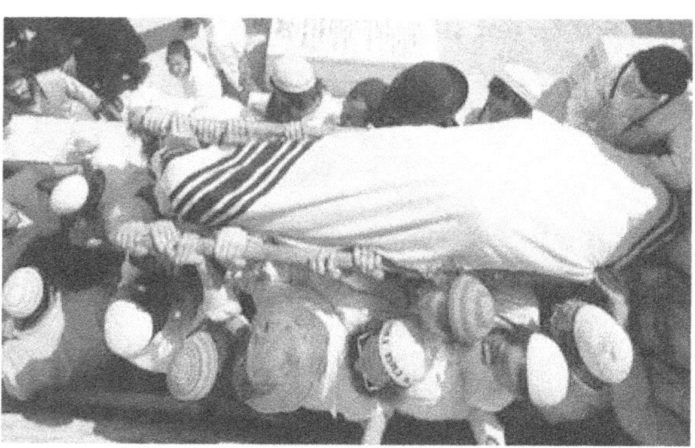

SUPERSTIÇÕES

- Muitas pessoas acreditavam que o anjo da morte limpava a faca ensanguentada na água perto dos mortos; portanto, todos os jarros de água no pátio da casa tinham que ser derramados no chão.
- Porque *Shedim* (espíritos) seguiam os mortos para a sua sepultura e pairavam em torno deles, os integrantes do cortejo fúnebre deviam lavar as mãos antes de entrar na casa - não era suficiente mergulhá-las no rio. (Daí a existência de uma pia especial no cemitério).
- A fim de afastar os espíritos que seguiam os enlutados, as pessoas tinham de se sentar e descansar várias vezes.
- A placa sobre a qual a pessoa morta tinha sido cerimonialmente lavada, não podia ser virada.
- Não se deve visitar o mesmo túmulo duas vezes no mesmo dia e não se deve dormir no cemitério.
- As pessoas eram aconselhadas a não olhar de perto a face de uma pessoa morta nem beijar os mortos, mesmo que fosse um parente.
- Uma criança morrendo poderia ser libertada das garras da morte se os seus pais a 'vendessem' a um amigo por um shekel.
- Uma mudança de nome pode salvar da morte.
- A remoção de um travesseiro de penas de debaixo da cabeça de uma pessoa que está morrendo ajuda a alma a sair com mais facilidade. (Alguns rabinos se opunham a esta prática, uma vez que acreditavam que apressava a morte).
- É um bom presságio morrer com um sorriso no rosto ou morrer no dia do aniversário.
- Chuva no dia de um funeral é visto como um sinal de compaixão e perdão para com os mortos.

CAPÍTULO 10

COSTUMES DE LUTO

Shiva (lit. sete) uma semana é o período de luto, no judaísmo, para parentes de primeiro grau: pai, mãe, filho, filha, irmão, irmã e cônjuge.

A tradição foi desenvolvida a partir do Gênesis 50: 1-14, em que José chora a morte de seu pai Israel por sete dias. O período de luto, também chamado de 'sentar *shiva* *', começa imediatamente após o enterro, que em Israel tem que ocorrer em até 24 horas.

É esperado que meninos com idade superior a 13 e meninas com mais de 12 anos cumpram o luto por um familiar próximo. As leis judaicas sobre luto balanceiam sentimentalismo e sabedoria filosófica. Espera-se que os enlutados chorem, rasguem suas vestes e participem da cerimônia de enterro. No entanto, eles não estão autorizados a chorar muito ou por muito tempo. A ênfase do período de luto é se recuperar da perda e concentrar-se nas coisas da vida.

Aninut * (luto intenso) é o primeiro estágio do luto, quando alguém está em total choque e desorientado. O *aninut* dura até o enterro e é seguido pelo *avelut* * (luto). Um *avel* (enlutado) não ouve música nem vai a concertos e não participa de quaisquer eventos alegres ou festas, tais como casamentos, *Bar* ou *Bat Mitzvah*s, a menos que seja absolutamente necessário.

Shiva - Sete dias

Durante sete dias, os membros da família recebem visitantes (exceto no Shabbat e nos *Yom Tov** - feriados). Nas famílias praticantes, um *minyan* se reúne na casa do enlutado para realizar uma leitura da Torá.

Tradicionalmente, a primeira refeição após o funeral, o *seudat havra'ah* * (refeição de consolação), é fornecida por vizinhos ou amigos.

Os enlutados não tomam banho nem ducha, eles não usam sapatos de couro nem joias e os homens não fazem a barba. Em muitas comunidades os espelhos da casa são cobertos. Relações conjugais e o estudo da Torá não estão permitidos. Os enlutados podem estudar as leis do luto e ler partes da Bíblia que estão conectadas a *Tishá B'Av*. É habitual que os enlutados se sentem em bancos baixos, ou mesmo no chão, simbolizando o fato de que eles estão 'derrubados' pelo pesar.

Considera-se um grande *mitzvah* * (literalmente 'mandamento', mas geralmente interpretado como 'boa ação') de bondade e compaixão visitar uma casa em luto. Os enlutados não estão autorizados a servir comida aos visitantes, então familiares e amigos cuidam dos visitantes, cozinham e limpam.

Tradicionalmente não se trocam cumprimentos e os visitantes esperam que os enlutados iniciem a conversa ou, se os mesmos permanecerem em silencio, eles também se mantém calados por respeito à sua perda. Espera-se que os visitantes falem sobre o falecido/a e compartilhem histórias da sua vida. Alguns enlutados usam o *Shiva* como uma distração, já outros preferem lamentar-se junto a amigos e familiares.

Ao sair de uma casa de *shiva* (Ashkenazi), os visitantes recitam a tradicional bênção: *"Que Deus te conforte entre os outros enlutados de Sião e Jerusalém"*.

Dependendo dos costumes, outros podem acrescentar: *"Você não deve ter mais tza'ar (angustia)"* ou *"Você deve ter apenas Simchas (festas)"* ou *"Devemos ouvir apenas besorot tovot (boas novas) um do outro"* ou *"Desejo-lhe uma vida longa"*. Em um shiva Sefardita, os visitantes dizem: *"Que o Céu te conforte"*.

Ninguém vai para uma casa de luto durante um Shabbat ou feriado. Nesses dias, os enlutados usam suas roupas festivas, oram em sinagogas, mas não trabalham. Se o primeiro dia de um *Yom Tov* (dias santos que incluem *Rosh Hashanah, Yom Kippur, Sukkot, Pessach* e *Shavuot*) ocorrer durante shiva, o período de luto acaba e o restante do shiva é cancelado. Mesmo que um *Yom Tov* comece ao anoitecer do dia do funeral. Enterros nunca ocorrem em um *Yom Tov.*

Em Israel, os enlutados só retornam ao trabalho após o *Shiva*. Após a morte de um pai, o filho é considerado um enlutado por doze meses.

SHLOSHIM - Trinta dias

O período dos trinta dias seguintes ao enterro (incluindo shiva) é conhecido como shloshim (trinta). Durante este período, um enlutado é proibido de se casar ou participar de uma refeição festiva religiosa. Os homens não se enfeitam nem cortam o cabelo durante este tempo. *Shloshim* marca o fim do período de luto para outros parentes que não sejam os pais nem o cônjuge. Na véspera do *Shloshim* é tradicional que as famílias compartilhem apoio, recitem orações e salmos, e deem a caridade em mérito do falecido.

Por volta do final do século XIX o ritual da inauguração da lápide tornou-se popular. Em Israel, a inauguração da lápide é realizada após a shloshim. No final da cerimónia, um membro próximo da família remove a cobertura de pano. Normalmente, o serviço inclui breve elogios ao falecido.

SHNEM-ASAR CHODESHIM – Doze meses

Enlutados que perderam um dos pais guardam um período de luto de doze meses, contados a partir do dia da morte. Durante este período, a maioria das atividades retorna ao normal, apesar de os enlutados continuarem a recitar o *Kaddish* dos enlutados por onze meses. Eles não estão autorizados a participar de ocasiões festivas e grandes reuniões onde há música ao vivo.

HAZKARAH E YAHRZEIT

Hazkarah é o último serviço memorial dos primeiros 12 meses de luto. O *Yahrzeit* (Yiddish, 'época do ano') refere-se ao aniversário do dia da morte de um parente. Isso geralmente é comemorado acendendo uma vela memorial em casa e visitando o túmulo, onde um membro da família recita o Kaddish e a oração El *Maleh Rachamim*.

Nos tempos bíblicos, sepulturas eram marcadas com montes de pedras. Ao colocar (ou substituir) as pedras, o visitante ajudava a manter o túmulo.

Ao visitar uma sepultura judaica, é costume colocar na lápide, com a mão esquerda, uma pequena pedra. Isto mostra que outros visitaram o túmulo e participaram do *mitzvah* do enterro.

Títulos tradicionais para os mortos, usados para nomear e falar do falecido. O mais comum é *'zikhrono livrakha '*(m.), *'Zikhronah livrakha '*(de abençoada memória). É muitas vezes abreviado como DAM ou 'ZL'.   A abreviatura hebraica é
‫ז"ל.‬

KADDISH

(Lit. santificação) é uma oração de louvor a Deus em aramaico. Originalmente era uma breve oração na sinagoga. O *Kaddish* dos enlutados tornou-se uma prática aceita no século XIII, na época das Cruzadas. A partir do século XV, a oração começou a ser usada como uma recitação no aniversário da morte de um membro da família. O *Kaddish* pode ser recitado tanto por homens como por mulheres, incluindo judeus não religiosos.

"Glorificado e santificado seja o grande nome de Deus em todo o mundo que Ele criou segundo a Sua vontade.
Que Ele possa estabelecer Seu reino em tua vida e durante os teus dias e dentro da vida de toda a casa de Israel, rapidamente e em breve. Bem-aventurado e elogiado, glorificado e exaltado, louvado e honrado, adorado e enaltecido seja o nome do Santo, bendito seja Ele, além de todas as bênçãos e hinos, louvores e consolos que são já falados no mundo, e deixe-nos dizer:
Amém."

EL MALEH RACHAMIM

"Ó Deus, cheio de compaixão, que habita no alto, concede um descanso perfeito nas asas da Divina Presença - nos lugares exaltados entre os benditos e os puros que brilham como o fulgor do firmamento - à alma de ...... que tem ido ao seu repouso eterno [e em cujo nome ... vai contribuir para a caridade em memória solene].
Que o seu lugar de descanso seja o Jardim do Éden. Que o Compassivo abrigue-o (a) para sempre em suas asas protetoras e possa seu (sua) alma estar ligada pelo vínculo da vida eterna. O Senhor é a sua herança; deixe ele (ela) descansar em paz, e deixe-nos dizer: Amém."

CAPÍTULO 11

YOM HASHOAH
DIA DA LEMBRANÇA DO HOLOCAUSTO

Na semana seguinte ao *Pessach*, bandeiras israelenses aparecem em edifícios governamentais e nas varandas das casas em preparação o *Yom Hazikaron laShoah ve-laG'vura* ('Dia da Lembrança do Holocausto e do Heroísmo'). Este dia é geralmente conhecido como *Yom Hashoah* (Dia da Lembrança do Holocausto, ou Dia do Holocausto).

O dia da memória aos seis milhões de judeus que pereceram durante o Holocausto nas mãos dos Nazistas. Desde 1953, é um dia de lembrança nacional, realizado no dia 27 de Nisan (Abril / Maio). Quando cai adjacente ao Shabbat a data é movida um dia.

A maioria das famílias judaicas acendem velas memoriais e muitos recitam o *Kaddish* * (a oração para os falecidos).

Na véspera do *Yom Hashoah*, e no próprio dia, os locais de entretenimento público estão fechados por lei. A televisão israelense coloca no ar documentários sobre o Holocausto e talk shows relacionados com o tema, enquanto canções discretas são tocadas na rádio. Bandeiras em edifícios públicos são hasteadas a meio mastro.

Em Israel, o *Yom Hashoah* começa às oito da noite em uma cerimônia de Estado realizada na Praça Gueto de Varsóvia, no Yad Vashem (o Museu dos Mártires e Heróis do Holocausto), em Jerusalém.

Durante a cerimônia, a bandeira nacional é hasteada a meio mastro e acontecem discursos do Primeiro Ministro e do Presidente de Israel. Os sobreviventes do Holocausto acendem seis tochas, simbolizando os seis milhões de judeus que pereceram, e os Rabinos recitam orações. No dia seguinte, às dez da manhã, uma sirene de dois minutos toca em todo Israel para marcar a abertura oficial da cerimônia. As pessoas permanecem atentas, os carros param e os motoristas ficam ao lado de seus carros. A maior parte do país chega a paralisar, enquanto muitas pessoas prestam uma homenagem silenciosa aos mortos.

No *Yom Hashoah,* cerimônias e serviços de nível nacional são realizados em escolas, bases militares e outros locais públicos.

Ner Zikaron * - Luz Memorial

É uma lâmpada especial ou uma luz acendida em memória a um parente falecido. A prática vem de Provérbios 20:27 - *"O espírito do homem é a lâmpada do Senhor".* A tradição provavelmente se originou na Alemanha medieval. Além de *Yom Hashoah* e *Yom Hazikaron,* luzes memoriais se acendem em outras três ocasiões: durante *Shiva, Yahrzeit* de um membro da família e na noite de *Yom Kippur.*

CAPÍTULO 12

YOM HAZIKARON – DIA DA LEMBRANÇA

Yom Hazikaron é o dia memorial dos caídos desde 1860 (quando os judeus começaram a viver fora dos muros da Cidade Velha de Jerusalém). Geralmente cai no dia 4 de Iyar (usualmente em no mês de maio). Se a data cair em uma sexta-feira ou sábado, as celebrações são adiadas.

Desde 1963, o *Yom Hazikaron* tornou-se o dia oficial da memória em Israel, em que soldados caídos e vítimas do terror são lembrados.

Os serviços memoriais começam às oito da noite com uma sirene de um minuto. Os líderes máximos de Israel e o pessoal militar participam das cerimônias em todo o país. A cerimônia principal acontece no cemitério IDF, no Monte Herzl, em Jerusalém.

No dia seguinte, uma sirene de dois minutos toca às onze horas, marcando a abertura das cerimônias memoriais oficiais e dos encontros privados nos cemitérios onde os soldados estão enterrados. Mais uma vez, o trânsito para e as pessoas ficam de cabeças inclinadas em homenagem aos soldados caídos.

O dia chega oficialmente ao fim entre sete e oito horas da noite com a cerimônia de abertura do Dia da Independência de Israel, que acontece no Monte Herzl, Jerusalém, quando a bandeira de Israel volta a ser hasteada completamente.

A comemoração do *Yom Hazikaron* um dia antes do *Yom Ha'atzmaut* visa lembrar às pessoas do preço pago pela independência e do que foi alcançado com o sacrifício dos soldados. Muitos israelenses têm servido na IDF ou estão ligados aos que foram mortos durante os conflitos militares de Israel.

ORAÇÃO YIZKOR
Dia de Lembrança de Israel

Que Deus se lembre das almas de seus filhos heroicos: Os combatentes das Forças de Defesa de Israel, que caíram nas guerras de Israel, em ações defensivas, retaliativas e de segurança e durante o cumprimento do seu dever, incluindo as almas dos combatentes secretos e das brigadas que lutaram em combates nacionais - todos aqueles que sacrificaram suas vidas para a santificação do Nome de Deus.

E com a ajuda de Deus, o Senhor das batalhas de Israel, eles trouxeram o renascimento da nação e do Estado e a redenção das terras e da cidade de Deus.

Eles foram mais rápidos do que as águias e mais fortes do que os leões quando se ofereceram para ajudar a nação, e saturaram nossa sagrada terra com seu sangue puro.
A memória de seus sacrifícios e feitos heroicos nunca desaparecerá de nós.

Que suas almas sejam ligadas na União da Vida com as almas de Abraão, Isaque e Jacó, e com as almas dos outros heróis e mártires de Israel que estão no Jardim do Éden.
Amém.

A BANDEIRA NACIONAL
E O EMBLEMA DE ISRAEL

Degel Yisrael (a bandeira de Israel) foi adotada no dia 28 de Outubro de 1948, cinco meses após o estabelecimento do país. Retrata uma estrela de Davi azul em um fundo branco, entre duas listras azuis horizontais. O projeto básico recorda o *Talit,* o manto de oração judaico, que é branco com listras azuis.
A estrela no centro é a Magen David (Escudo de Davi). Branco: Símbolo da luz, honestidade, inocência e paz. Azul: simboliza confiança, lealdade, sabedoria, inteligência, fé, verdade e o céu.
Esta bandeira, adotada pelo primeiro Congresso Sionista na Basiléia, Suíça, em 1897, passou a ser aceita por comunidades judaicas em todo o mundo como o emblema do Sionismo. Assim, foi natural usá-la na proclamação oficial da condição de Estado.

O poeta judeu austríaco Ludwig August Frankl (1810-1894) foi a primeira pessoa nos tempos modernos que expressou a ideia de que azul e branco são as cores nacionais do povo judeu. Mais de três décadas antes do Primeiro Congresso Sionista, Frankl publicou um poema intitulado 'Cores de Judá'.

O novo Estado de Israel não só requeria uma bandeira nacional, também necessitava um emblema oficial para demonstrar sua soberania na comunidade das nações.
O emblema de Israel foi adotado nove meses após o Estado ser estabelecido.
Ele simboliza a continuidade e a realização do sonho Sionista.

A visão do profeta Zacarias (Zacarias 4:1-3; 11-14) da *menorah* e dos ramos de oliveira representa o ideal Sionista do recém-estabelecido Estado de Israel.
Corresponde à reconstrução do Templo em Jerusalém após o retorno a Sião. As duas oliveiras representam 'religião' e o 'Estado' (os 'dois dignitários ungidos' - o sumo sacerdote e o Dirigente/Governador) que se unem para realizar o sonho Sionista.

Quando sublimes sentimentos enchem seu coração,
ele está envolvido com as cores do seu país
ele está em oração, envolto
em um manto cintilante de branco.
As bainhas do manto branco
são coroadas com grandes listras de azul;
como o manto do Sumo Sacerdote,
adornado com faixas de fios azuis.
Estas são as cores do país amado,
azul e branco são as fronteiras de Judá;
branco é o resplendor do sacerdócio,
e azul, os esplendores do firmamento.

CAPÍTULO 13

YOM HA'ATZMAUT
DIA DA INDEPENDÊNCIA

Yom Ha'atzmaut é comemorado no dia 5 de Iyar no calendário hebraico. Neste dia, David Ben-Gurion leu publicamente a Declaração de Independência de Israel. A data gregoriana correspondente foi o 14 de maio de 1948. Caso o dia 5 de *Iyar* cair em uma sexta-feira ou sábado, as celebrações são adiantadas para a quinta-feira anterior.

Yom Ha'atzmaut começa por volta das oito da noite com uma abertura oficial em Monte Herzl, Jerusalém, que é transmitida ao vivo na televisão. A cerimônia inclui um discurso do presidente do Knesset (Parlamento Israelense), performances artísticas (formando estruturas elaboradas, como uma *Menorah* ou uma Magen David) e doze tochas são acesas, uma para cada uma das tribos de Israel.

Os acendedores da Tocha são cidadãos israelenses que fizeram uma contribuição social significativa para uma área específica. A mãe (em luto) da foto tinha acabado de perder sua filha soldada, morta durante os ensaios gerais do Dia da Independência, quando uma estrutura desabou devido aos fortes ventos.

Muitas cidades realizam performances ao ar livre, em suas praças, com a participação dos principais cantores israelenses e com fogos de artifício. A fim de permitir que as pessoas cantem e dancem, muitas ruas e praças são fechadas para carros.

No dia seguinte, uma exibição de aviões de combate e helicópteros do IDF (Forças de Defesa de Israel) dá inicio às principais atividades do Dia da Independência. O Presidente, o Comandante das Forças Armadas de Israel, o Primeiro Ministro e o Ministro da Defesa cantam suas músicas favoritas do Dia da Independência, junto com a banda e cos cantores da IDF. Em seguida, o Presidente de Israel, em sua residência oficial em Jerusalém, homenageia 120 soldados foram condecorados pelas Forças Armadas de Israel (IDF).

Outras atividades que ocorrem no *Yom Ha'atzmaut* são:
⇒ Concurso Bíblico Internacional em Jerusalém.
⇒ Cerimônia do Prêmio Israel, em Jerusalém.
⇒ As Forças Armadas de Israel (IDF) abrem algumas de suas bases ao público.
⇒ Desfile das Forças de Defesa de Israel (1948-1973).
⇒ Concurso de Músicas Hebraicas (1960-1980).

Em todo o país, as famílias israelenses visitam os parques e realizam piqueniques e churrascos (conhecidos como mangal, na gíria israelense). A palavra vem da palavra árabe para fogão.

Varandas e edifícios são decorados com bandeiras de Israel e bandeiras pequenas são coladas nas janelas dos carros. Muitos israelenses continuam exibindo suas bandeiras até *Yom Yerushalayim* (Dia de Jerusalém).

Como o Rabinato Chefe declarou *Yom Ha'atzmaut* um feriado judaico, judeus observantes recitam o Hallel (Salmos 113-118) durante os serviços.

Alguns Haredim (ultra ortodoxos) juntam-se às multidões e desfrutam de um churrasco. No entanto, os judeus ultra ortodoxos, os que são membros da Satmar, Toldos Aaron, Toldos Avraham Yitzchak e seitas Neturei Karta não celebram *Yom Ha'atzmaut*. Eles afirmam que o estabelecimento de um Estado judeu antes da vinda do Messias é um pecado. Alguns até fazem jejum neste dia e recitam as orações dos dias de jejum.

AL HANISSIM (Para os Milagres)

Esta oração de ação de graças foi composta na era talmúdica. Ela é recitada durante o *Amidah*, a oração de graça após as refeições, e nos feriados de *Chanukah* e *Purim*. Algumas comunidades vinculam o texto com a Guerra da Independência (1948).

*"Agradecemos ao Senhor pelos milagres,
o resgate, os grandes feitos,
e os atos de salvação que realizou,
assim como pelas guerras que travou,
para os nossos pais nos velhos tempos
nesta estação. "*

Drusos israelenses, beduínos e circassianos normalmente comemoram a independência de Israel. Já para a maioria dos árabes que vive em Israel consideram o Dia da Independência de Israel como um dia trágico em sua história. Eles o chamam de *al-Nakba* (a catástrofe).

CAPÍTULO 14
LAG BA'OMER

Lag Ba'omer (também conhecido como *La'O-mer* Lag entre os judeus Sefarditas) é celebrado no trigésimo terceiro dia da Contagem do Ômer, que ocorre no dia 18 do mês hebraico de Iyar (normalmente em Maio).

De acordo com o Talmud, 24.000 alunos do rabino Akiva morreram de uma praga divinamente enviada durante a Contagem do *Ômer*. Nos anos que se seguiram, os judeus começaram a celebrar o fim da praga em *Lag Ba'omer*. Após a tragédia, orabino Akiva continuou com apenas cinco estudantes, entre eles o rabino Shimon Bar Yochai, que se tornou o maior mestre de Torá da sua geração.

Akiva decidiu que os seus alunos deveriam aprender a lutar contra os conquistadores romanos. Para evitar suspeitas vestiram-se como caçadores, transportando arcos e flechas, e foram para a floresta para praticar. Eventualmente, os estudantes se juntaram aos rebeldes do Bar Kochba em sua luta pela liberdade.

Durante o Império Romano, os romanos acreditavam que era azar se casar em Maio, antes da colheita. Eles acreditavam que as almas dos mortos retornavam à Terra nessa época para assombrar os vivos e só seriam apaziguadas com funerais, e não com casamentos. Este período durava trinta e dois dias e terminava com um festival no dia trinta e três. A prática romana coincidiu com a prática judaica da celebração do *Lag Ba'ome*r, que acontece no trigésimo terceiro dia da Contagem do *Ômer*.

Na Idade Média, *Lag Ba'omer* tornou-se um feriado especial para estudantes rabínicos. Neste dia, chamado de 'Dia Escolar', era costume praticar esportes ao ar livre.

Nos tempos antigos, os agricultores costumavam se preocupar (e atualmente ainda se preocupam) durante a contagem do *Ômer,* já que não sabiam se a nova colheita de grãos seria um sucesso ou um fracasso. A primavera israelense é sempre instável. Ventos quentes do deserto (*Sharav*) podem secar as mudas ou queimar o grão maduro. Outros perigos são os gafanhotos e outros insetos, ou doenças que atacam as plantas. O agricultor não está em clima de celebrações públicas ou privadas até que saiba o resultado das suas colheitas. Enquanto a contagem do *Ômer* é um período de semi-luto para judeus observantes, todas as restrições são levantadas no trigésimo terceiro dia do *Ômer*. Entre os judeus Ashkenazi, casamentos, festas, reuniões com música e cortes de cabelo são comumente programados para este dia. Judeus Sefarditas casam-se no dia de *Lad Ba'omer*.

Na véspera do feriado, grandes fogueiras são acesas em todo o país. Logo após o feriado de Pessach, muitas vezes as crianças

começam a recolher pedaços de madeira para as fogueiras.

Alguns acreditam que a prática de realizar essas fogueiras remonta aos dias de Bar Kochba, que acendeu fogueiras em Jerusalém para sinalizar para outras aldeias e vilas que tinham capturado a capital. Por sua vez, as aldeias acenderam outras fogueiras que podiam ser vistas de ainda mais longe.

No dia seguinte, as famílias desfrutam de piqueniques e passeios pela floresta. As crianças continuam a brincar com arcos e flechas com ponta de borracha.

As celebrações em Meron, na Galileia, datam da época do rabino Isaac Luria (1534-1572). Desde então, tornou-se costume fazer o primeiro corte de cabelo dos meninos de três anos de idade (*Upsherin* *) durante o *Lag Ba'omer*.

A ideologia Sionista conecta *Lag Ba'omer* à revolta de Bar Kochba contra o Império Romano. O feriado tornou-se um símbolo do espírito lutador judeu. O programa Gadna (brigadas juvenis) das Forças de Defesa de Israel, IDF, foi criado em 1941, em *Lag Ba'omer* e o seu emblema contém um arco e uma flecha.

Durante o *Lag Ba'omer* de 1948, o governo de Israel ordenou a criação das Forças de Defesa de Israel. Em 2004, *Lag Ba'omer* foi nomeado o dia para saudar os reservistas das Forças de Defesa de Israel – IDF.

Você pode planejar sua própria fogueira com um grupo de amigos, ou receber um convite de vizinhos e amigos com crianças. Muitas classes escolares fazem uma fogueira na semana que antecede *Lag Ba'omer*, assim as famílias podem aproveitar o feriado juntas. Como a maioria dos adolescentes ficam acordados a noite toda, as escolas estão fechadas no dia seguinte. Dica: Mantenha suas janelas fechadas!

UPSHERIN

Upsherin (Yiddish *Upsherinish* (lit. tosquiar) ou chalaka) é uma cerimônia judaica de corte de cabelo, de origem cabalística, realizada quando um menino judeu completa três anos de idade. A tradição *Upsherin* é relativamente moderna para o judaísmo com data século XVII.

R. Yehudah Leibush Horenstein, um rabino chassídico que emigrou para a Palestina Otomana no meio do século XIX escreveu que "este corte de cabelo, chamado de chalaka, é feito pelos sefarditas em Jerusalém na *kever* (sepultura) de Shimeon bar Yochai durante o verão, mas durante o inverno eles levam o menino à sinagoga ou à *Bayit Midrash* e realizam o corte de cabelo com grande festa e celebração, algo desconhecido para os judeus na Europa". Como não havia nenhum nome hebraico ou em Yiddish para esse costume, a palavra Yiddish *'upsheren'* foi usada para esse primeiro corte de cabelo.

Na comunidade chassídica, o *Upsherin* marca a entrada, de um menino de 3 anos, para o sistema de educação formal e o início do estudo da Torá. A partir desse momento, o menino começa a usar *kippah* * (*yarmulke*) e *tzitzit* *.

A criança será ensinada a orar e a ler o alfabeto hebraico. Se diz que a Torá deve ser 'doce na língua', assim as letras do alfabeto hebraico são cobertas com mel e a criança se delicia medida que aprende a ler.

Algumas comunidades pesam o cabelo que é cortado na cerimônia de *Upsherin*, e doam o valor correspondente à entidades de caridade. Se o cabelo é longo o suficiente, pode ser doado a uma instituição de caridade que faz perucas para pacientes com câncer. Outros costumes incluem ter convidados que cortam uma mecha do cabelo e incentivam a criança a colocar uma moeda no cofrinho chamado *tzedakah* * para cada mecha que é cortada.

O corte de cabelo não é permitido durante o tempo da contagem do Ômer, mas é permitido no dia do *Lag Ba'omer*. É por isso que os meninos que completam três anos entre Pessach e *Lag Ba'omer* comemoram Upsherin nesta data. As maiores celebrações do *Lag Ba'Omer* são realizadas no túmulo do Rabbi Shimon bar Yochai, em Meron, na Galileia. Shimon bar Yochai foi um famoso sábio do século I na antiga Israel, ativo após a destruição do Segundo Templo em 70 EC. Ele foi um dos discípulos mais eminentes do rabino Akiva e é atribuído com a autoria dos textos do Zohar, o principal livro da Kabbalah*.

Durante o tempo do rabino Isaac Luria (1534-1572), os pais costumavam distribuir vinho e doces enquanto faziam o primeiro corte de cabelo de seus filhos. Este costume é ainda bastante popular. O Rabbino Isaac Luria, um místico judeu de Safed (que fica na região da Galileia) é considerado o pai da Kabbalah contemporânea.

Hoje, muitos judeus ortodoxos viajam para Monte Meron para celebrar o Upsherin do filho. As pessoas de Jerusalém que não podem viajar para Meron, realizam celebrações no túmulo do Shimon Hatzaddik.

A Bíblia às vezes compara a vida humana ao crescimento das árvores. Levítico 19:23 afirma que não é permitido comer o fruto que cresce em uma árvore nos primeiros três anos. Alguns judeus aplicam este princípio para cortar o cabelo de uma criança, e, portanto, é apenas aos três anos de idade que a criança faz o primeiro corte de cabelo. Judeus chassídicos esperam que a criança, como uma árvore que cresce em altura e que eventualmente produz fruto, vá crescer em conhecimento e em boas ações e que um dia terá sua própria família. Algumas comunidades chamam de orlah um menino antes de seu primeiro corte de cabelo - a mesma palavra usada para uma árvore em seus primeiros anos.

O *KIPPAH - YARMULKE*

O *kippah* (plural: *kippot)* é uma cobertura para a cabeça que os homens judeus observantes usam para mostrar seu respeito por Deus.
O Talmud afirma: *"Cubra sua cabeça, a fim de que o medo do céu possa estar acima de você"*. Rabi Hunah ben Joshua nunca andou quatro côvados (aproximadamente 2 metros) com a cabeça descoberta. Ele explicou: *"Porque a Presença Divina está sempre sobre a minha cabeça"*.
De acordo com o *Shulchan Aruch* *, homens judeus são fortemente instados a cobrirem suas cabeças e não devem andar mais de quatro côvados de cabeça descoberta. Cobrir a cabeça usando, por exemplo, um kippah, é descrito como "honrar a Deus".

Na Idade Média, na Europa, o acessório para cabeça que distinguia os judeus era um chapéu com borda e um chapéu de ponta. Originalmente foi usado pelos judeus por livre escolha, para se distinguir, mas alguns governos cristãos tornaram-no obrigatório como medida discriminatória.

No início do século XIX, nos Estados Unidos, os rabinos muitas vezes usavam uma touca (amplas toucas de pano em forma de disco, como uma boina) ou um solidéu chinês. Outros judeus desta época usavam *kippot* pretos. Em muitas comunidades, os meninos são incentivados a usar um *kippah* desde a tenra idade, a fim de arraigar o hábito.

A cor e o tecido do kippah podem ser um sinal de adesão a um movimento religioso específico.

Kippah de crochê, conhecido como *kippah serugot*, tende a ser usado pelos Sionistas religiosos e os ortodoxos modernos, que também usam *kippah* de camurça ou couro.

Bucharan *kippah* são populares entre as crianças e são também usados por judeus de tendência liberal, feministas e de reforma.

Kippah iemenitas são tipicamente de veludo preto com uma tira de 1-2 cm bordada em torno da borda com uma estampa geométrica, floral ou cashmere.

Os membros da maioria dos grupos Haredi normalmente vestem um kippah de veludo preto ou de pano. Em geral, quanto maior for o kippah, mais tradicionalista o usuário. Por outro lado, quanto menor for o kippah, mais moderna e liberal é a pessoa.

Em Jerusalém, por vezes encontram-se homens usando um kippah de crochê branco do cobrindo toda a cabeça, às vezes com um pompom ou borla no topo. Não confundir os homens muçulmanos (que às vezes usam algo similar a um kippah) com os seguidores judeus do falecido rabino Yisrael ber Odesser. A frase "*Nach Nachma Nachman Me'uman*" é escrita em crochê ou bordada no *kippah*.

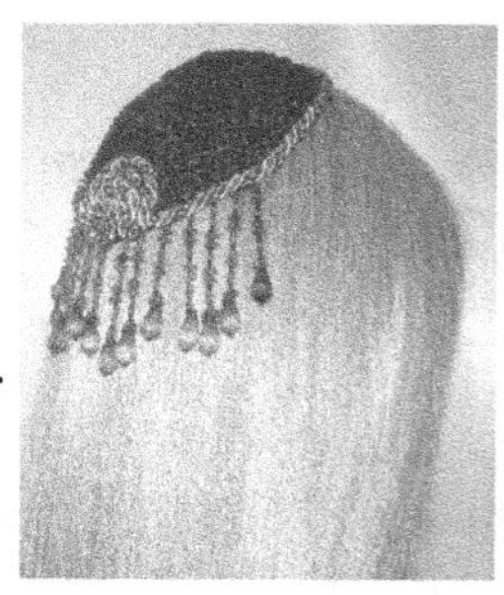

Kippot modernos têm as cores de diferentes equipes esportivas, especialmente de futebol.

Kippot com uma inscrição no interior são utilizados como lembrancinhas em algumas celebrações (*bar / bat mitzvah* * ou casamento).

Existe um *kippah* específico para as mulheres.

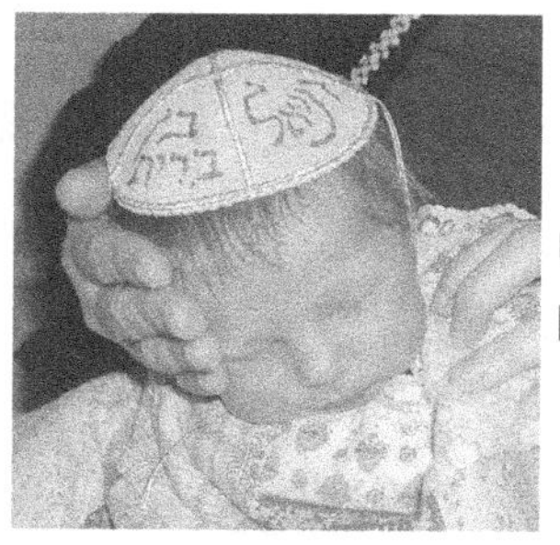

Um *Kippah* especial para bebê, com duas cordas de cada lado para prendê-lo, é usado frequentemente para as cerimônias de *Brit Milah* *.

CAPÍTULO 15

YOM YERUSHALAYIM - DIA DE JERUSALÉM

Yom Yerushalayim é um feriado nacional que comemora a reunificação de Jerusalém e o estabelecimento do controle israelense sobre a cidade de Jerusalém em junho de 1967. Como resultado da Guerra da Independência de 1948, Jerusalém ficou dividida por 19 anos. Em 1967, Jerusalém , a capital de Israel foi reunificada durante a Guerra dos Seis Dias.

Em 12 de maio de 1968, o governo proclamou um novo feriado – o Dia de Jerusalém. Foi comemorado no dia 28 de *Iyar*, a data hebraica em que a cidade dividida de Jerusalém foi unificada (essa data ocorre normalmente em maio ou no início de junho). No dia 23 de março de 1998, o Knesset aprovou a Lei do Dia de Jerusalém, tornando a data um feriado nacional.

O Rabinato Chefe de Israel declarou o Dia de Jerusalém como um feriado religioso menor, para agradecer a Deus pela vitória na Guerra dos Seis Dias e por ter respondido à oração de dois mil anos que os judeus proclamam: "No próximo ano em Jerusalém".
O dia é marcado por cerimônias estatais, serviços memoriais para os soldados que morreram na batalha por Jerusalém e desfiles pelo centro da cidade.

Nas sinagogas, congregados recitam a oração *Hallel* * e outras bênçãos.

Escolas israelenses ensinam as crianças sobre a importância de Jerusalém e realizam assembleias festivas. Este dia é celebrado em escolas judaicas do mundo todo.

Jerusalém, a capital de Israel, tornou-se uma cidade grande e expansiva. Do mundo todo, os turistas vêm para ver sua beleza, para aprender sobre seu passado e para fazer a peregrinação aos lugares santos. Jerusalém é um ponto de conexão para as três principais religiões - judaísmo, cristianismo e islamismo.

No dia 7 de junho de 1967, dia em que Jerusalém foi liberada, o Ministro da Defesa Moshe Dayan declarou:
"Esta manhã, as Forças de Defesa de Israel libertaram Jerusalém. Unimos Jerusalém, a capital dividida de Israel. Voltamos aos nossos lugares sagrados, nunca mais nos separaremos dela. Para os nossos vizinhos árabes nesta hora - e com ênfase adicionada 'nesta hora'- em paz estendemos nossa mão. E para os nossos concidadãos cristãos e muçulmanos, nós solenemente prometemos plenos direitos e liberdade religiosa. Nós não viemos a Jerusalém por causa dos lugares sagrados de outras pessoas, nem para interferir com os seguidores de outras religiões, mas viemos a fim de salvaguardar a sua totalidade e lá viver junto com os outros, em união."
Esta declaração continua relevante nos dias de hoje.

DITADOS SOBRE JERUSALÉM

- *"Se eu me esquecer de ti, ó Jerusalém, esqueça-se a minha destra da sua destreza"*, Salmo 137: 5. *"Orai pela paz de Jerusalém; prosperem aqueles que te amam"*, Salmo 122.
- Alegria de toda a terra.
- Dez medidas de beleza desceram sobre o mundo; Jerusalém tomou nove e o resto do mundo, uma.
- Uma cidade que une todos os judeus, porque eles são todos parceiros nela.
- Todo o que orar em Jerusalém é como se orasse diante do trono divino.
- Quando Jerusalém foi destruída até mesmo Deus entrou em luto e não haverá alegria alguma diante dele até que seja reconstruída e Israel retorne ao seu seio.
- Quando um judeu ora, ele deve mencionar Jerusalém.
- Jerusalém tem 70 nomes, incluindo Cidade de Davi (2 Samuel 5: 9), Leão de Deus (Isaías 29: 1); Cidade de Deus (Salmo 87: 2); Cidade da Verdade (Zacarias 8: 3); Cidade Alegre (Isaías 22: 2); Cidade Fiel (Isaías 1:26); e Paradigma da Beleza (Lamentações 2:15).

BOM SABER

No Dia de Jerusalém, é realizado o chamado 'Desfile das Bandeiras'. Geralmente começa no Parque Sacher, onde os felizes participantes (principalmente jovens religiosos) cantam e dançam a caminho da Cidade Antiga de Jerusalém. O desfile termina no Kotel. Compre uma bandeira e faça parte da multidão!

CAPÍTULO 16

SHAVUOT - A FESTA DAS SEMANAS

Em Israel, *Shavuot* é celebrado apenas um dia - no sexto dia do mês hebraico de *Sivan* (geralmente final de maio ou início de junho). Na Diáspora, os judeus o celebram por dois dias. O feriado de Pentecostes cristão sempre cai no sétimo domingo depois da Páscoa.

> **"Também, quando tiveres entrado na terra que o Senhor teu Deus te dá por herança, e a possuíres, e nela habitares, tomarás das primícias de todos os frutos do solo que trouxeres da terra que o senhor teu Deus te dá, e as porás num cesto, e irás ao lugar que o Senhor teu Deus escolher para ali fazer habitar o seu nome..."**
> **Deuteronômio 26:1-3**
>
> **"Também guardarás a festa das semanas, que é a festa das primícias da ceifa do trigo, e a festa da colheita no fim do ano."**
> **Êxodo 34:22**

A palavra hebraica *Shavuot* significa 'semanas' e refere-se à contagem de sete semanas a partir do segundo dia do Pessach (Páscoa). Este período é chamado de 'Contagem do *Ômer*'. Shavuot é o único festival de Peregrinação que a Bíblia não dá uma data específica de comemoração.

Diferentes nomes de *Shavuot*

- *Chag Shavuot* (Festa das Semanas)
- *Chag ha Katsir* (Feriado da Colheita)
- *Yom ha Bikkurim* (Dia dos primeiros frutos)
- *Pentecostes* (Grego para 'cinquenta')

Cerca de sete semanas após terem saido do Egito, os israelitas receberam a Torá no Monte Sinai. Após a chegada à Terra Prometida, quarenta anos mais tarde, *Shavuot* ficou ligado à safra de grãos. O tempo de colheita começa durante Pessach, com a colheita da cevada, e termina com a colheita do trigo no *Shavuot*. A época de colheita era geralmente de alegria.

Nos tempos antigos, os agricultores judeus levavam seus primeiros frutos ao Tabernáculo, em Shiloh. No período do Primeiro e Segundo Templo, eles levavam suas cestas de oferendas para o Templo em Jerusalém. Bikkurim (primeiros frutos) tinham de ser das 'sete espécies' - trigo, cevada, uvas, figos, romãs, azeitonas e tâmaras (Deuteronômio 8: 7-8).

Quando o primeiro fruto aparecia, o agricultor amarrava-lhe um caniço em e declarava: *"Este é um primeiro fruto"*.
Preparando-se para subir a Jerusalém para a peregrinação, as pessoas ricas colocavam seus frutos em cestas de ouro ou prata, enquanto os pobres utilizavam cestos de brotos de salgueiro descascados. Bois puxavam carrinhos que eram carregados com as cestas. Os chifres dos animais eram laminados com ouro e decorados com guirlandas de flores.
De todo o país as pessoas viajavam para as cidades designadas, onde uma assembleia local era responsável pelos peregrinos.

A fim de não se tornarem ritualmente impuros, as pessoas não entravam nas casas, mas dormiam nas ruas.

O amanhecer, os peregrinos partiam juntos - para Jerusalém, dançando e cantando, *"Alegrei-me com aqueles que me disse:" Vamos à casa do Senhor "* Salmo 122:1.

Ao entrar na cidade, os peregrinos cantavam alegremente: *"Os nossos pés estão parados dentro das tuas portas, ó Jerusalém!"* Salmo 122:2.

Jerusalemitas os acolhiam com a frase: *"Nossos irmãos de..., sejam bem-vindos e paz a você!"*.

Levando as cestas sobre os seus ombros (até mesmo o rei tinha que carregar sua própria cesta), as pessoas apresentavam aos sacerdotes suas oferendas. Quando um peregrino apresentava sua cesta para o sacerdote, ele tinha que recitar: *"Arameu prestes a perecer era meu pai..."* Deuteronômio 26:5.

As cestas se tornavam propriedade do sacerdote e dos levitas, que representavam os filhos 'primogênitos' dos israelitas. Lado a lado, ricos e pobres se alegravam por todo o bem que o Senhor seu Deus tinha dado para eles e suas famílias (veja Deuteronômio 26:11).

Bikkurim tem a mesma raiz que *bechor* (primogênito). O primeiro de tudo pertencia a Deus - homem e animal da mesma forma. Israel foi o 'primogênito' de Deus, e em reconhecimento à Sua propriedade sobre as terras e à sua soberania sobre a natureza, o primeiro grão e as primeiras frutas deviam ser oferecidos a Deus.

No templo, os levitas moíam o trigo formando uma farinha fina, a partir da qual 'dois pães' levedados eram assados e comidos pelos sacerdotes. Esta era a única vez que o fermento era usado, todas as outras oferendas de grão tinham que ser sacrificadas e queimadas sem fermentar.

Durante *Shavuot*, trombetas e flautas eram tocadas diante do altar.
"Semelhantemente, no dia da vossa alegria, nas vossas festas fixas, e nos princípios dos vossos meses, tocareis as trombetas sobre os vossos holocaustos, e sobre os sacrifícios de vossas ofertas pacíficas; e eles vos serão por memorial perante vosso Deus. Eu sou o Senhor vosso Deus." Números 10:10.

Após a destruição do Primeiro e do Segundo Templo, a principal ênfase mudou para o aniversário do recebimento da Torá no Monte Sinai. Como os primeiros frutos não poderiam mais ser oferecidos, os rabinos sugeriram substituí-los por caridade.

Na Idade Média, tornou-se tradição iniciar a educação formal judaica (religiosa) de crianças por volta do tempo de *Shavuot*.

O Livro dos Jubileus (também chamado de Leptogenesis, o 'Genesis menor') é paralelo ao Gênesis e algumas partes do Êxodo. Entre 1947 e 1956, quinze 'pergaminhos do Jubileu' hebreus foram encontrados em Qumran.

Provavelmente escritos entre 135-105 AEC, estes pergaminhos eram bem conhecidos pelos primeiros escritores cristãos e rabinos. O Livro dos Jubileus associa *Shavuot* com a Aliança e a Torá, e as Alianças de Deus feitas com Noé e Abraão como uma oferenda dos primeiros frutos.

Igrejas Ortodoxas Orientais ainda consideram o Livro dos Jubileus como uma parte importante da Bíblia. O livro associa o primeiro *Shavuot* com o aparecimento do primeiro arco-íris - o dia que Deus fez uma aliança com Noé. Outros livros apócrifos, Tobias e II Macabeus, também mencionam a 'Festa das Semanas'.

Celebrações de *Shavuot* Modernas (Ashkenazi)

De acordo com esta corrente do judaísmo, a Torá deve ser o *reshit* (primeiro). Isso está ligado a um conjunto de costumes, cujas primeiras letras formam a palavra '*acharit*' (último). Assim, temos:

1. *Akdamot*
2. *Chalav* (leite)
3. Rute
4. *Yerek* (vegetação)
5. *Torá*

1. ***Akdamot*** - Um poema litúrgico, lido na sinagoga. Foi escrito pelo Rabino Meir bar Yitzchak, de Worms (Alemanha), cujo filho foi assassinado durante a Cruzada de 1096.
2. ***Chalav*** - leite. Os rabinos fundamentaram que, como os israelitas não tinham tempo para preparar carne para *Shavuot*, eles só consumiriam produtos lácteos. É um costume popular comer bolo de queijo e blintzes (panquecas recheadas com queijo) durante o *Shavuot*.
3. **Rute** - Após o culto da manhã, o livro de Rute é lido nas sinagogas porque descreve os períodos de colheita e como Rute tornou-se membro do povo judeu por aceitar a Torá. Os convertidos ao Judaísmo são

homenageados neste momento. A tradição nos diz que o rei Davi (da linha de descendência de Boaz e Rute) nasceu e morreu no *Shavuot*. Muitas pessoas visitam o seu túmulo no Monte Sião em Jerusalém durante esse feriado.

4. ***Yerek*** (vegetação) - Casas e sinagogas são decoradas com folhagem. O *bimah* * (plataforma) onde as leituras da Torá têm lugar, parece uma chuppah * (tenda utilizada para a cerimônia de casamento). Moisés, o casamenteiro, trouxe o povo judeu (noiva) para a chuppah (Monte Sinai) para se casar com o noivo (Deus). A Torá foi o *ketubah* * (contrato de casamento).
5. **Estudo da *Torah*** - O costume de estudar a Torá durante toda a noite foi iniciado em 1533 por um rabino cabalista grego. A cada hora, um professor diferente ensina um tema específico e 'a noite passa como um sonho'.

Preces matinais são recitadas com a primeira luz, seguidas pelo canto dos Dez Mandamentos. Em honra ao nascimento e morte do Rei Davi no *Shavuot*, seus salmos também são lidos.

Na década de 1890, celebrações seculares do *Shavuot* foram introduzidas pelos kibbutzim (fazendas coletivas). Tratando-se de comunidades agrícolas, os primeiros frutos da produção de cada *kibbutz* eram apresentados à comunidade e aos convidados em uma cerimônia festiva. Mais tarde, os produtos manufaturados começaram a receber um lugar de honra nos desfiles, mas o destaque sempre foi (e ainda é) quando os pais orgulhosos apresentam a sua 'colheita' de recém-nascidos para a comunidade.

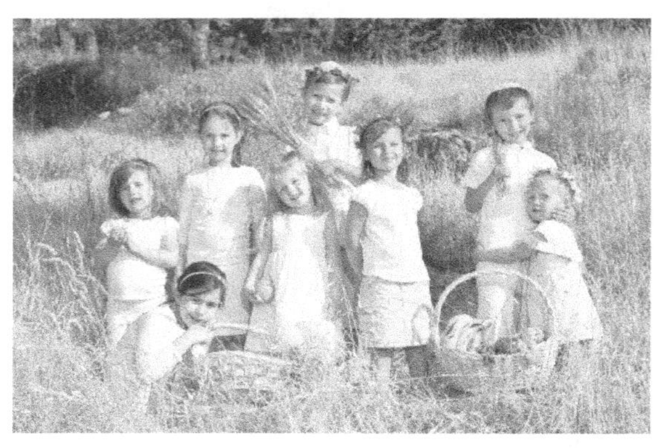

A Terra de Israel,
A bênção de seu solo,
Abraçaram a casa do judeu
Onde quer que ele habitasse.

Abba Kovner

O JEJUM DE *TAMMUZ*

O jejum do décimo sétimo dia de *Tammuz* (*Shiv'ah Asar b'Tammuz)* é geralmente no fim de junho ou início de julho. O dia de jejum menor comemora a destruição dos Dez Mandamentos por Moisés e lamenta a violação dos muros de Jerusalém, antes da destruição do Segundo Templo. Ele também marca o início do período de luto de três semanas que antecede o *Tisha B'Av.*

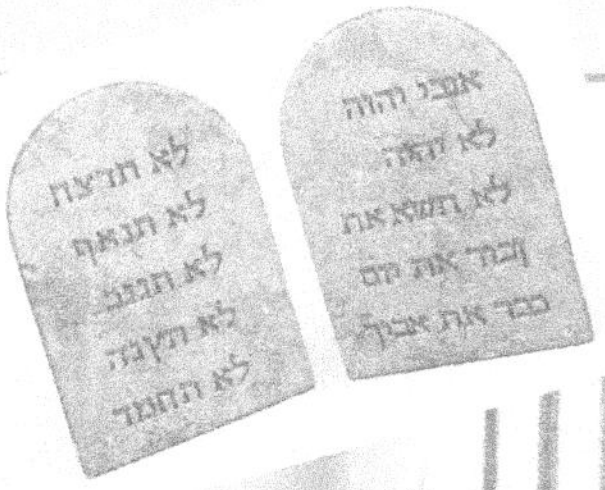

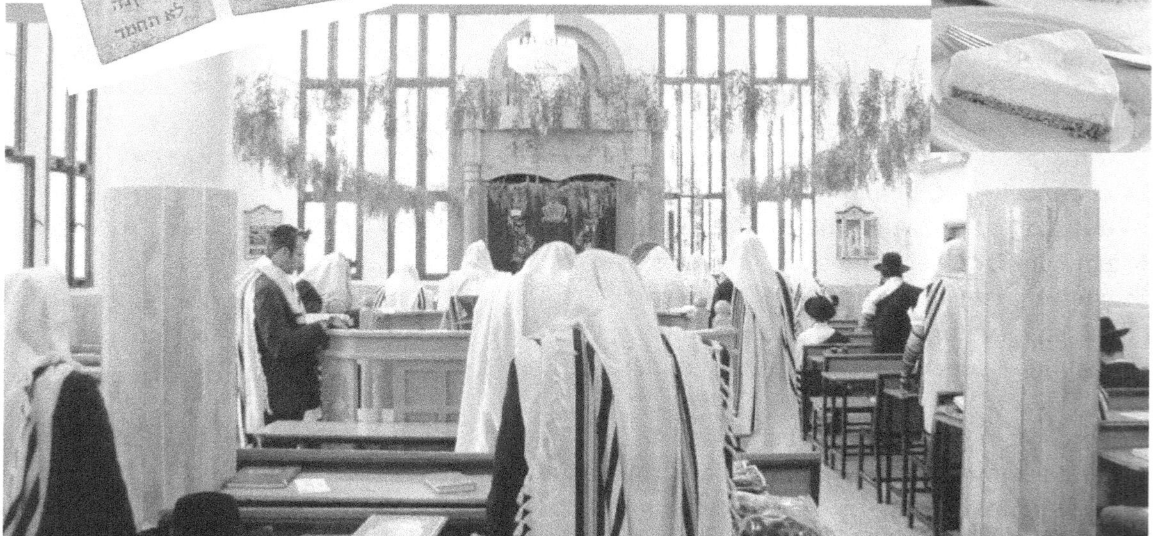

CAPÍTULO 17

TISHA B'AV – O NONO DIA DO MES DE AV

O dia nove do mês de *Av* geralmente cai no meio das férias de verão, em agosto.

Neste dia solene, os judeus comemoram a destruição de seus templos fazendo um jejum de vinte e quatro horas e orando. Em Israel, a maioria dos restaurantes e locais de entretenimento fecham neste dia.

Ao longo dos séculos, *Tisha b'Av* foi um dia negro na história judaica.

A *Mishnah* menciona eventos específicos que ocorreram:

- Neste dia, os doze espias voltaram a Moisés; dez deles com más notícias sobre a Terra Prometida.
- Em 586 AEC, Nabucodonosor destruiu o Templo de Salomão e enviou os judeus para o Exílio Babilônico.
- Em 70 EC, o Segundo Templo foi destruído pelos romanos e as pessoas na Judéia dispersaram-se. Esse fato marcou o início do exílio dos judeus de Eretz Israel.
- Em 135 EC, a revolta de Bar Kochba contra os romanos foi esmagada e Betar destruído.

Em anos posteriores, mais desastres em *Tishá b'Av* foram adicionados à lista de comemorações. Neste dia:

- Todos os judeus foram expulsos da Inglaterra em 1290.
- Os judeus da Espanha foram expulsos em 1492.
- O mesmo destino aguardava os judeus de Viena, na Áustria, em 1670.
- A Primeira Guerra Mundial começou oficialmente no dia 9 de *Av*, em 1914, quando a Alemanha declarou guerra à Rússia.

No período entre o dia 17 do *Tammuz* (julho) até o dia 9 de *Av* (agosto), os judeus religiosos não comem carne, não bebem vinho (exceto no *Shabbat)*, não usam roupas novas e não agendam eventos felizes, tais como casamentos e dedicatórias de casas. O jejum de 25 horas começa ao anoitecer do dia 9 de Av.

Na sinagoga, a Arca, lugar dos rolos da Torá, é envolta em preto e a iluminação é diminuída. Usando apenas meias ou chinelos, não sapatos (de couro), as pessoas sentam-se no chão ou em bancos baixos. Como verdadeiros enlutados, eles não se cumprimentam com o tradicional 'Shalom'.

O estudo da Torá é proibido, porque é considerada uma atividade alegre. Durante este dia de jejum, o livro de Lamentações, Jó e algumas partes de Jeremias são lidos na sinagoga. Orações especiais de luto, *Kinot* (escritas durante a Idade Média), também são recitadas. Os judeus ortodoxos acreditam que quando o Messias vier, *Tisha b'Av* será um dia de festa em vez de luto.

> **"Assim diz o Senhor dos exércitos: O jejum do quarto mês, bem como o do quinto, o do sétimo, e o do décimo mês se tornarão para a casa de Judá em regozijo, alegria, e festas alegres; amai, pois, a verdade e a paz."**
>
> **Zacarias 8:19**

Um judeu religioso nunca vai jogar fora o seu velho livro de orações nem vai descartar um rolo da Torá. Estes são mantidos em um lugar especial *(Genizah* *) e geralmente são enterrados em *Tisha b'Av.*

CAPÍTULO 18

TU B'AV

Tu b'Av, o décimo quinto dia (*Tet* = 9, *Vav* = 6; 9 + 6 = 15) do mês hebraico de *Av,* é um dos feriados menos conhecidos do calendário judaico. Ele ganhou popularidade após o estabelecimento do Estado de Israel.

Acontecendo menos de uma semana após o luto triste de *Tisha b'Av, Tu b'Av* é o feriado judaico do amor. Como *Chanukah, Purim e Tisha b'Av,* é uma adição rabínica (pós-bíblica) ao calendário de feriados. *Tu b'Av* ocorre na lua cheia e, portanto, está ligado com o amor, a fertilidade e o romance.

A primeira menção de *Tu B'Av* é na *Mishnah* *, onde ele diz: *"Não houve dias melhores para o povo de Israel do que o décimo-quinto dia de Av e Yom Kippur, uma vez que nestes dias as filhas de Jerusalém saem vestidas de branco e dançam nos vinhedos. O que eles estavam dizendo: Homem jovem, considere quem você escolhe (para ser sua esposa)"* (Taanit 4: 8).

De acordo com Rabban Shimon ben Gamliel (10 AEC - 70 EC), neste dia *"as tribos de Israel foram autorizadas a se misturarem umas com as outras".*

O feriado foi instituído na época do Segundo Templo para marcar o início da colheita da uva, que terminava no *Yom Kippur.*

O Talmud menciona outras comemorações *Tu B'Av:*

♦ Ao décimo quarto e décimo quinto dia de *Av,* os Fariseus (judeus rabínicos) foram vitoriosos sobre os Saduceus.

♦ Os membros da tribo de Benjamim foram readmitidos para a comunidade.

♦ A morte da geração que deixou o Egito terminou.

♦ O Rei Oséias, do Reino do Norte, suprimiu as restrições do Rei Jeroboão que proibiam os nortistas de fazerem peregrinações a Jerusalém.

♦ Os romanos permitiram que os judeus enterrassem os seus mortos, que haviam caído em Beitar.

Nos tempos bíblicos, as futuras noivas dançavam em Shiloh, uma comunidade em Samaria, que foi a primeira capital de Israel.

Hoje, os judeus voltaram para os seus vinhedos de Shiloh. Mais uma vez, as meninas solteiras dançam serenatas nos vinhedos.

Tu b'Av, o dia do amor, é uma data popular para casamentos judaicos. Mesmo que seja um dia de trabalho regular, festivais de música e dança são realizados em todo o país.

Os israelenses enviam cartões e flores para seus entes queridos. Esses costumes são guardados por todos os segmentos da sociedade israelense, sejam religiosos ou não.

BOM SABER

A comunidade de Shiloh, em Samaria, organiza eventos especiais durante *Tu B'Av,* que incluem passeios para Tel Shiloh, o local onde se encontrava o Tabernáculo.

CAPÍTULO 19

AS GRANDES FESTAS E FERIADOS

> *"Fala aos filhos de Israel: No sétimo mês, no primeiro dia do mês, haverá para vós descanso solene, em memorial, com sonido de trombetas, uma santa convocação"*
> **Levítico 23: 24-25**

O mês hebraico de *Elul* (agosto / setembro) é o mês dos 'Dias Sagrados Importantes'. O período entre *Rosh Hashanah* (Ano Novo judaico) e o *Yom Kippur* (Dia do Perdão) é também chamado de 'os dez dias de reverência', por causa da necessidade de introspecção e arrependimento.

Rosh Hashana (lit. cabeça do ano) anuncia o mês hebreu de *Tishrei* (setembro / outubro). *Tishrei* significa 'começar' em aramaico. É comemorado por dois dias e é visto como um dia de julgamento. No primeiro dia, tem lugar o ritual *Tashlich** ('você vai lançar'), no qual os 'pecados' são simbolicamente lançados na água. As pessoas também jogam pão e pedriscos.

Rosh haShana é um dia de descanso, como o Shabbat. O som do *shofar* * (chifre de carneiro) é utilizado para despertar as pessoas de sua 'letargia' e alertá-las para o próximo julgamento. Os dias de arrependimento começam com *Rosh haShana* e culminam no *Yom Kippur*.

Judeus religiosos acreditam que mesmo sendo o julgamento pronunciado em *Rosh haShanah*, durante os dez dias seguintes eles podem consertar seus erros e alterar o julgamento a seu favor (é por isso que nesses dias as pessoas são mais gentis umas com as outras).

Nas semanas que antecedem o feriado, as pessoas se cumprimentam com '*Shana Tova*' (Um bom ano) ou '*Shana Tova uMetuka*' (Um bom e doce Ano Novo). Muitas vezes eles acrescentam '*Gmar Chatima Tova*' (Seja inscrito no Livro da Vida), referindo-se à vinda de *Yom Kippur*, o Dia da Expiação.

Maçã e mel, simbolizando a doçura do Ano Novo, são sempre parte da cozinha do feriado. Outros alimentos simbólicos são uma cabeça de peixe ('cabeça' do ano novo) e uma *challah* redonda (para simbolizar o ciclo do ano). Antigamente, *Rosh haShana* era o início do ano econômico. A ênfase era nas estações agrícolas e nos festivais de peregrinação (*Pessach*, *Shavuot* e *Sukkot*). Nessa época era celebrado por apenas um dia, em vez dos dois dias de feriado de hoje em dia.

Rosh haShana é visto como o aniversário da Criação. Neste dia, a humanidade passa diante do Criador, como ovelhas ante o pastor. Três livros são abertos: o Livro da Vida, que sela os justos que viverão; os ímpios serão "riscados do livro da vida" (Ver Salmo 69:29), enquanto que aqueles que ficam 'no meio' têm até *Yom Kippur* para se arrepender e se tornar justos.

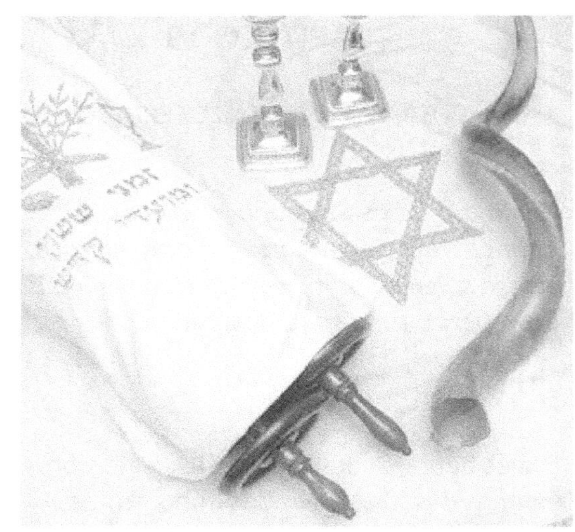

SEFER HACHAIM
LIVRO DA VIDA

"Então disse o Senhor a Moisés: Aquele que tiver pecado contra mim, a este riscarei do meu livro." Êxodo 32:33.

No judaísmo (e cristianismo) o Livro da Vida (*Sefer Hachaim*) é o livro em que Deus registra o nome de cada pessoa que está destinada ao céu. De acordo com o *Talmud*, o livro da vida é aberto em *Rosh haShana*, juntamente com o Livro dos Mortos, onde os nomes dos ímpios são gravados. Muitas referências do Antigo Testamento são dadas ao Livro da Vida. Ser riscado do Livro da Vida de Deus significa morte.

Os Salmos falam do Livro da Vida, em que apenas os nomes dos justos são escritos: *"Sejam riscados do livro da vida, e não sejam inscritos com os justos."* Salmo 69:28.

Mesmo as lágrimas dos homens estão registradas neste Livro de Deus:
"Tu contaste as minhas aflições; põe as minhas lágrimas no teu odre; não estão elas no teu livro?" Salmo 56:8.

O Livro da Vida é provavelmente idêntico ao Livro de Recordações, no qual são registrados os feitos daqueles que temem o Senhor.
O Livro dos Jubileus 30:20-22, fala de duas tábuas ou livros celestes:
"... Um livro da vida para os justos, e um livro de morte para aqueles que andam nos caminhos da impureza e são escritos nas tábuas celestes como adversários (de Deus)".

No Novo Testamento, o livro da vida é referido seis vezes.
"E todo aquele que não foi achado inscrito no livro da vida, foi lançado no lago de fogo".
Apocalipse 20:15.

"E vi os mortos, grandes e pequenos, em pé diante do trono; e abriram-se uns livros; e abriu-se outro livro, que é o da vida; e os mortos foram julgados pelas coisas que estavam escritas nos livros, segundo as suas obras". Apocalipse 20:12.

Referências Bíblicas

LIVRO DA VIDA
Êxodo 32:32-33; Salmo 69:28;
Salmo 87: 6; Daniel 12: 1;
Lucas 10:20; Filipenses 4: 3;
Apocalipse 3: 5; 17: 8; 20; 12-15; 21:27; 22:19

LIVRO DE RECORDAÇÕES
Salmo 56: 8; 139: 16; Malaquias 3:16

ROSH HASHANA

A palavra *Rosh Hashana* não é mencionada na Torá. Levítico 23:24 o chama de "dia de chifres de sopro (*shofarim*)".
Ezequiel 40: 1 o chama de *"o início do ano"; enquanto que na literatura rabínica o chamam de "dia do juízo" e "dia da lembrança".*

Diferentes 'Anos Novos'

◊ 1º de *Nissan* (março/abril) – 'Ano Novo Bíblico', após o êxodo do Egito. Determinava a duração do reinado de um rei e o início do calendário eclesiástico.
◊ 1º de Elul (agosto / setembro) - Início do ano para o dízimo de animais para o Templo.
◊ 1º de *Shevat* (janeiro / fevereiro) - Mais tarde mudado para o 15º dia (*Tu beShevat*), foi chamado de 'Ano Novo das Árvores'. Os cálculos foram feitos para os dízimos da colheita de frutas.
◊ 1º de *Tishrei* (setembro / outubro) - Calendário hebraico civil e início de contratos legais.
◊ 1º de janeiro - Ano Novo no calendário gregoriano.

SHOFAR

Nos tempos bíblicos, o toque do *shofar* anunciava o início de um *Rosh Chodesh* (novo mês). Foi usado também como um sinal de alerta de perigo e para anunciar a inauguração de um novo rei. O *shofar* é um símbolo do sacrifício de Isaac realizado por Abraão, em que o carneiro se tornou o sacrifício substituto. O chifre curvado simboliza a curvatura do homem em submissão diante de Deus.

Nos dias de *Rosh Hashana,* o *shofar* é tocado cem vezes na sinagoga e tem três sons diferentes:

♦ *Shevarim* - assemelha-se a soluços.
♦ *Teruah* - nove notas em staccato que se assemelham a uma lamentação.
♦ *Tekiah* - som longo ininterrupto.

Muitos homens ortodoxos usam um *kittel* * (Yiddish). Este manto branco também é usado por um noivo, simbolizando a pureza. O mesmo manto é frequentemente utilizado como mortalha. Isaías 1:18 diz que *"ainda que os vossos pecados são como a escarlata, eles se tornarão brancos como a neve;"*. É um lembrete da túnica de linho branco que o Sumo Sacerdote usava durante as cerimônias no Templo. As pessoas visitam os túmulos de entes queridos e rezam por um bom ano.

ROSH HASHANAH SEDER

O *Rosh Hashanah Seder* é conduzido no início da refeição da noite de *Rosh Hashanah*. O objetivo do Seder é ajudar os que estão à mesa a se aproximarem do arrependimento. Antes da ingesta de cada alimento, uma oração específica é recitada.

Em um prato especial se dispõem alimentos especificamente escolhidos, cujos nomes em Hebreu estão relacionados com outras palavras hebraicas que transmitem desejos para o próximo ano.

- Tâmaras - "Que nossos inimigos sejam consumidos".
- Feijões pretos - "Que os nossos méritos se multipliquem".
- Alho-poró - "Que os nossos inimigos sejam dizimados".
- Beterraba - "Que os nossos adversários sejam removidos"
- Abóbora - "Que o Senhor rasgue nossa sentença ruim"
- Romã - "Que sejamos preenchidos com *mitzvoth* como a romã (que é cheia de sementes)"
- Maçã (cozido em açúcar) e mel - "Que o Senhor renove para nós um ano bom e doce".
- Cabeça de uma ovelha/carneiro ou um peixe - "Que sejamos a cabeça e não a cauda".

Bênçãos de *Rosh Hashanah*

"Que seja a Sua vontade, Senhor, nosso Deus e o Deus de nossos pais, que sejamos preenchidos com mitzvot como uma romã [cheia de sementes]."

"Que seja a Sua vontade, Senhor, nosso Deus e o Deus de nossos pais, que renove para nós um ano bom e doce como o mel."

REFLEXÕES SOBRE *TSEDEKAH* - CARIDADE

⇒ Uma pessoa deve ser escrupulosa no cumprimento do mandamento de fazer caridade, pois este é o sinal de um descendente de Abraão.

⇒ Israel será redimido através de atos de caridade.

⇒ Tão grande como é o mandamento da caridade, ainda maior é convencer o outro para fazer caridade.

⇒ A caridade é uma das coisas cujos lucros o homem goza neste mundo, mas cujo principal resultado permanece para o mundo vindouro.

⇒ A caridade é igual a todos os outros mandamentos combinados.

⇒ Todos devem fazer caridade; mesmo aquele que depende da caridade deve dar àqueles que têm menos sorte.

⇒ É melhor não fazer caridade do que fazê-la e envergonhar o destinatário publicamente.

⇒ Aquele que é generoso para com os pobres faz um empréstimo ao Senhor. Ninguém nunca é empobrecido ao fazer caridade.

⇒ Não humilhe um mendigo: Deus está ao lado dele.

CERIMÔNIA *TASHLICH*

Tashlich * (jogar fora) é uma prática judaica de longa data que ainda é realizada na primeira tarde de *Rosh Hashana*. Quando cai em um *Shabbat*, a cerimônia é adiada para o dia seguinte. O costume é derivado de Miquéias 7: 18-20: *"Você vai lançar todos os vossos pecados nas profundezas do mar."* Embora *Tashlich* não seja mencionado no *Talmud*, a sua primeira referência aparece em Neemias 8: 1, *"Então todo o povo se ajuntou como um só homem, na praça diante da porta das águas;"*

Este encontro é conhecido por ter ocorrido em *Rosh Hashana*. *Tashlich* é normalmente realizado no primeiro dia de Rosh Hashana, mas pode ser realizado até *Hoshanah Rabba* (o último dia de *Sukkot*), exceto no *Shabbat*. Versos especiais são recitados ao lado de uma fonte de água (como um mar, rio, córrego, lago ou lagoa), de preferência um que tenha peixes.

Quando não há uma fonte de água disponível, alguns rabinos fazem o *Tashlich* próximo a um poço, mesmo se o poço estiver seco, ou ao lado de um balde de água. Os homens agitam os cantos do *tallit katan* ou os bolsos de seus casacos ou calças.

O objetivo do *Tashlich* é lançar os seus pecados
e o promotor Celestial (Satanás) para o mar
Celestial. Sacudir as roupas após a oração
Tashlich é um ato tangível para atingir a meta
espiritual de agitar os pecados das almas.
A prática varia nos diferentes países. Por exemplo, Judeus no Curdistão entram na água, a fim
de serem limpos dos pecados. Poloneses chassídicos costumavam colocar bóias de palha na
água e botavam fogo nelas. Eles acreditavam
que seus pecados eram simbolicamente levados e queimados.

*"Mas no sétimo mês Ismael, filho de Netanias,
filho de Elisama, da descendência real, veio
com dez homens, e feriram e mataram Gedalia,
e também os judeus e os caldeus que estavam
com ele em Mispá. Então todo o povo, tanto
pequenos como grandes, e os chefes das forças,
levantando-se, foram para o Egito, porque temiam os caldeus."* 2 Reis 25: 25-26.

Tsom Gedalya (o Jejum de Gedalia), no terceiro
dia de Tishrei (depois de *Rosh Hashana*), é para
lamentar o assassinato do justo governador de
Judá- Gedalia. Este acontecimento trágico acabou com o regime judaico após a destruição do
Primeiro Templo (ver Jeremias 41).

CAPÍTULO 20

YOM KIPPUR – DIA DO PERDÃO

**"O Senhor Deus disse a Moisés: — O dia dez
do sétimo mês é o dia em que os pecados do
povo são perdoados. Nesse dia ninguém deverá comer nada, e todos deverão apresen-
tar a Deus, o Senhor, ofertas de alimento. Ninguém trabalhará nesse dia, pois é o
dia em que é apresentado ao Senhor, o Deus
de vocês, o sacrifício para conseguir o perdão dos pecados do povo."**
Levítico 23: 26-28 NTLH

Yom Kippur cai no décimo dia de *Tishrei*
(normalmente Setembro / Outubro).

Durante os tempos do Templo, uma semana
antes de *Yom Kippur*, o Cohen Hagadol (Sumo
Sacerdote) ia morar na sua câmara no Templo
a fim de se preparar espiritualmente e fisica-
mente para este dia santo.

Em *Yom Kippur* ele tinha de fazer expiação por
todos os judeus do mundo. Este era o único
momento do ano em que ele entrava no Santo
dos Santos. Durante o *Avodah* (lit. trabalho, o
serviço do Templo), o sumo sacerdote tinha
que mudar suas vestes cinco vezes - usando
um conjunto diferente de roupa cada vez. Ele
também mergulhava cinco vezes no *mikveh**,
lavava as mãos e pés dez vezes, sacrificava dois
cordeiros, um touro, duas cabras e dois carnei-
ros. Ele oferecia refeição e libações de vinho, e
fazia três ofertas de incenso. Nesse dia, ele
tinha que trabalhar mais do que todos os sacerdotes e levitas que estavam de serviço.

Hoje em dia, os homens judeus ortodoxos mer-
gulham na *mikveh ** (banho ritual) um dia antes de *Yom Kippur*. Os ultra ortodoxos
(Haredim) têm um costume chamado *kappa-
rot** na manhã anterior ao *Yom Kippurim* enquanto recitam versículos da Bíblia relativos à
redenção, uma ave viva é balançada e girada
sobre suas cabeças. A ave é então dada aos
pobres. Muitos rabinos rejeitam este costume
supersticioso.

Um círculo é como um anel mágico para afastar os maus espíritos.

No início da tarde, todas as empresas e lojas de judeus fecham e o tráfego fica praticamente parado. Semáforos param de funcionar e não há rádio nem televisão nacional. Mesmo o Aeroporto Internacional Ben Gurion, no inicio da tade, fecha seu espaço aéreo para todo o tráfego aéreo. Cerca de quatro horas após o final do feriado o aeroporto reabre para as chegadas internacionais. As saídas começam uma hora mais tarde. Da mesma forma, todos os portos e postos de controle das fronteiras fecham para o feriado. Como medida de segurança, as travessias para Gaza, Judéia e Samaria também são fechadas até o final do dia mais sagrado do ano.

Pouco antes do pôr do sol, as ruas se enchem de pessoas caminhando para as sinagogas mais próximas. Crianças com bicicletas ou skates brincam no meio da rua e das estradas principais.

Nas sinagogas do mundo todo, o cantor canta o aramaico *Kol Nidrei* * (todos os votos). Esta oração data dos tempos pós-talmúdicos e a música foi composta a meados do século XV-XVI, no sul da Alemanha.

"*Que todas as pessoas de Israel sejam perdoadas, incluindo todos os estrangeiros que vivem no meio deles, porque todas as pessoas estão em falta...*".

Através do '*Kol Nidrei*' as pessoas pedem perdão a Deus por promessas que fizeram a Deus e às pessoas, mas não puderam realizar. '*Al Chet*' é a grande confissão dos pecados. (Para orações, consulte a página 63).
Durante a Idade Média, os judeus alemães substituíram o *Kol Nidrei* por recitações de Salmos, porque antissemitas os acusaram de não serem confiáveis. A crença de que os juramentos judeus eram inúteis, estimulou muitos massacres.

Durante a Inquisição espanhola, quando os judeus foram convertidos ao cristianismo à força, esta estimulante e assombrada melodia tornou-se ainda mais relevante.

O Dia da Expiação é a culminação da chamada *Yamim Nora'im* * (dias de Assombro). Como um símbolo de pureza muitos judeus usam roupas brancas e caminham usando sapatos de plástico ou chinelos, sempre que não sejam de couro. Muitas pessoas passam a maior parte do *Yom Kippur* na sinagoga, onde cinco serviços de prece são seguidos por ladainhas e petições de perdão.

Durante o dia todo, as seguintes Escrituras são lidas na sinagoga:
- Levítico 16:1-34
- Números 29: 7-11
- Levítico 18:1-30
- Isaías 57:14 - 58:14
- Miquéias 7:8-20
- O livro de Jonas

Muitos judeus, mesmo não-religiosos, tentam manter o jejum de vinte e cinco horas. Durante o dia mais sagrado do ano judaico, o comparecimento à sinagoga geralmente triplica.

Quando o sol está se pondo, muitos vão à sinagoga para a oração *Ne'ilah* *. Após a mesma, o *Shema Israel* (ver página 70) é recitado e o *shofar* soprado. Isto simboliza o fechamento dos livros de Deus, nos quais são escritos os nomes dos que devem viver ou morrer no ano seguinte.

Por muitos séculos, era costume anunciar o fim do *Yom Kippur* tocando o *shofar* no Muro das Lamentações, em Jerusalém. Este costume foi reinstalado em 1967, quando Jerusalém foi reunificada.

A maioria das pessoas quebra o jejum do *Yom Kippur* com uma refeição festiva. Logo, o som de martelos pode ser ouvido por toda a cidade, pois muitos judeus religiosos começam a construir sua *Sukkah* * (tenda) para a Festa dos Tabernáculos.

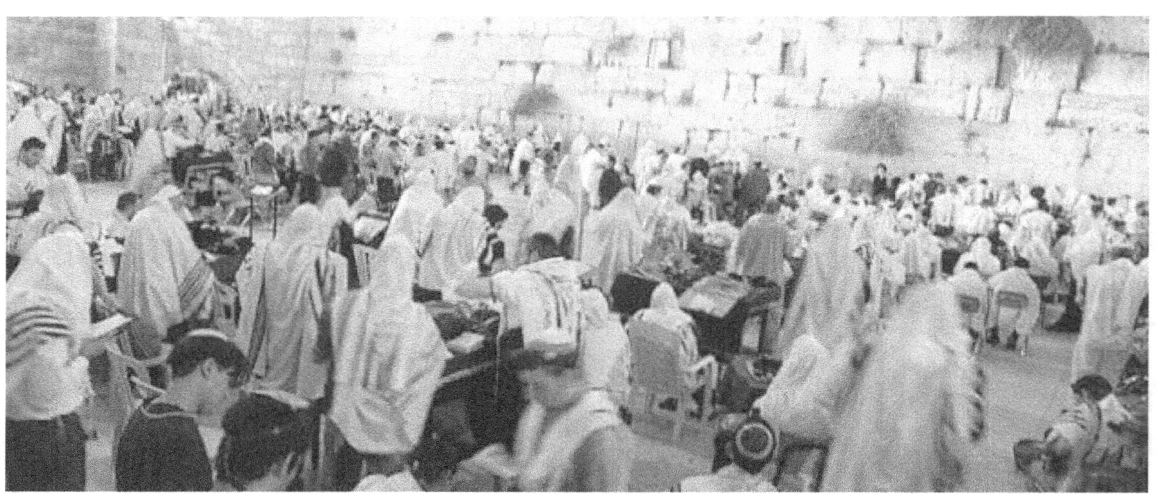

SHEMA YISRAEL – OUÇA, [Ó] ISRAEL

O '*Shema Yisrael*', muitas vezes abreviado para '*Shema*', é uma oração que serve como uma peça central dos rituais de oração judaica da manhã e da noite. *Shema Yisrael* engloba Deuteronômio 6: 4-9; 11: 13-21 e Números 15: 37-41.

As três partes dizem referem-se a questões centrais da crença judaica. O '*Shema*' é uma das frases do Antigo Testamento citadas no Novo Testamento.

"Respondeu Jesus: O primeiro é: Ouve, Israel, o Senhor nosso Deus é o único Senhor. Amarás, pois, ao Senhor teu Deus de todo o teu coração, de toda a tua alma, de todo o teu entendimento e de todas as tuas forças."

Marcos 12: 29-30

"E as escrevam nos batentes das portas das suas casas e nos seus portões."

Deuteronômio 6:9 NTLH

- ◆ *Shema* - escutar, ou ouvir, e fazer ou aceitar.
- ◆ *Yisrael* - Israel, no sentido das pessoas ou congregação de Israel.
- ◆ *Adonai* - muitas vezes traduzido como 'Senhor' e lido no lugar de YHWH.
- ◆ *Eloheinu* - a primeira pessoa plural, possessiva de Elohim (nosso Deus).
- ◆ *Echad* - o número cardinal um.

Judeus observantes ensinam seus filhos a recitar o '*Shema*' antes de ir dormir, à noite. Quando o famoso rabino Akiva foi torturado até a morte, ele recitou o *Shema* e usou seu último suspiro para dizer '*Echad*' (um). Desde então, tem sido tradição para os judeus recitar o *Shema* quando sabem que vão morrer.

KOL NIDREI - TODOS OS VOTOS

"Todos os votos, e proibições,
e juramentos, e consagrações,
e restrições e interdições
e quaisquer termos sinônimos,
que possamos prometer, ou jurar,
ou consagrar, ou proibir a nós mesmos,
do dia anterior da Expiação até o Dia da Expiação e a partir deste dia da expiação até o Dia da Expiação que virá para o nosso benefício.
Sobre todos eles, repudiamo-nos.
Todos eles são desfeitos, abandonados, cancelados, nulos e sem efeito, não está em vigor, e não em efeito.
Nossos votos não são mais votos, e as nossas proibições não são mais proibições, e os nossos juramentos não são mais juramentos. "

AL CHET – PELO PECADO (trecho)

Estas são as palavras de abertura da 'grande confissão de pecados' recitada nove vezes em *Yom Kippur*.
Cada linha começa com as palavras '*Al Chet*' – 'Pelo pecado...'

"Pelo pecado que cometemos diante de Ti sob coação ou da nossa própria vontade.
Pelo pecado que cometemos diante de Ti endurecendo nossos corações.
Pelo pecado que cometemos diante de Ti sem querer.
E pelo pecado que cometemos diante de Ti com a pronunciação de nossos lábios.
Pelo pecado que cometemos diante de Ti por falta de castidade.
E pelo pecado que cometemos diante de Ti seja em público ou em privado ... "

CAPÍTULO 21

SUKKOT - A FESTA DOS TABERNÁCULOS

"No primeiro dia tomareis para vós o fruto de árvores formosas, folhas de palmeiras, ramos de árvores frondosas e salgueiros de ribeiras; e vos alegrareis perante o Senhor vosso Deus por sete dias. E celebrá-la-eis como festa ao Senhor por sete dias cada ano; estatuto perpétuo será pelas vossas gerações; no mês sétimo a celebrareis. Por sete dias habitareis em tendas de ramos; todos os naturais em Israel habitarão em tendas de ramos, para que as vossas gerações saibam que eu fiz habitar em tendas de ramos os filhos de Israel, quando os tirei da terra do Egito. Eu sou o Senhor vosso Deus. Assim declarou Moisés aos filhos de Israel as festas fixas do Senhor."
Levítico 23: 40-44

Sukkot começa no dia 15 de *Tishrei,* a data da primeira lua cheia após o equinócio de outono (Setembro / Outubro). Durante essa 'época de regozijo nosso', o povo judeu faz suas refeições em uma tenda ou barraca, coberta com galhos, mas com o céu visível em memória das andanças do Egito para a Terra Prometida.
Sukkot (Festa dos Tabernáculos) é um dos três Festivais de Peregrinação ordenados por Deus. As pessoas tinham que subir a Jerusalém para celebrar a festa no Templo.

"Também guardarás a festa da sega, a das primícias do teu trabalho, que houveres semeado no campo; igualmente guardarás a festa da colheita à saída do ano, quando tiveres colhido do campo os frutos do teu trabalho."
Êxodos 23:16.

Sendo um judeu observante, Jesus celebrou Sukkot.
"Ora, estava próxima a festa dos judeus, a dos tabernáculos... Ora, os judeus o procuravam na festa, e perguntavam: Onde está ele?... Estando, pois, a festa já em meio, subiu Jesus ao templo e começou a ensinar... Ora, no seu último dia, o grande dia da festa, Jesus pôs-se em pé e clamou, dizendo: Se alguém tem sede, venha a mim e beba. Quem crê em mim, como diz a Escritura, do seu interior correrão rios de água viva." João 7:2, 11, 14,37-38.

As três festas de peregrinação - *Pessach* (Páscoa), *Shavuot* (Pentecostes) e *Sukkot* (Tabernáculos) - têm tanto significado histórico quanto agrícola.
Como o Sukkot ocorre na colheita de outono, observa-se também como um evento agrícola. Orações para a chuva também são recitadas durante este feriado.
Em Israel, os primeiros e os últimos dias do Sukkot são celebrados como um feriado completo (como um *Shabbat).* O 'Oitavo Dia de Assembleia Solene' é celebrado como *Simchat Torah* (O Regozijo da Torá, Alegria da Torá).
As pessoas estão autorizadas a trabalhar durante *Chol Hamo'ed* * (dias intermediários), mas o formato do festival é mantido. As escolas estão fechadas e muitas famílias desfrutam do festival juntas, saindo em excursões, visitando familiares ou entretendo os convidados em sua *sukkah.*

Diferentes nomes referentes ao Festival

- *Chag Ha'asif (*Festival da Colheita de fim de Ano).
- *Chag Hasukkot* (A Festa dos Tabernáculos).
- *Chag* (O Festival) - um nome popular entre os rabinos, o que sugere que Sukkot era o feriado por excelência.
- *Zeman Simchatenu* (A estação de nossa alegria) - referindo-se ao mandamento bíblico de 'ser feliz'.

A observância do *Sukkot* envolve "morar" em uma tenda, na *sukkah.* O conceito de ação de graças pela colheita permanece como algo central ainda hoje, simbolizado pelos frutos (reais ou artificiais) que decoram os *sukkot* (uma *sukkah,* dois *sukkot*). Alguns dizem que os padres peregrinos americanos foram influenciados pela observância judaica do *Sukkot,* a partir do qual estabeleceram o Dia de Ação de Graças.

Os itens simbólicos importantes do Festival saem das *Arba'ah Minim* * (Quatro Espécies). Estas são mantidas juntas e são agitadas em diferentes momentos dos serviços religiosos. As quatro espécies consistem em um *lulav* (ramo de palmeira), *etrog* (cidra), *hadasim* (três ramos de murta) e o *aravot* (dois ramos de salgueiro). Combinados, estes são chamados de *Lulav* *.

Leituras bíblicas durante o Sukkot

- O Hallel integral (Salmos 113-118) recitado todas as manhãs
- Levítico 22:26 - 23:44
- Números 29:12-31
- Zacarias 14:1-21
- 1 Reis 8:2-21
- Êxodo 33:12 - 34:26
- Ezequiel 38:18 - 39:16
- O livro de Eclesiastes

SIMCHAT BAYIT HASHO'EVAH
CERIMÔNIA DE LIBAÇÃO DA ÁGUA

"Portanto com alegria tirareis águas das fontes da salvação." Isaías 12: 3

A antiga cerimônia de Libação da Água é prescrita em Deuteronômio e também é mencionada na *Mishná* *. Durante o período do Templo, no final do primeiro dia de Sukkot, enormes candeeiros dourados eram acesos no pátio do Templo iluminando toda Jerusalém. Usando harpas, liras, címbalos, trombetas e muitos outros instrumentos, os levitas guiavam os judeus reunidos em cânticos. O ritual de libação da água começava com danças e regozijo e continuava durante a noite. Os peregrinos assistiam e participavam da celebração com júbilo.

Na manhã seguinte, muitos peregrinos acompanhavam um grupo de levitas e sacerdotes para a piscina de Siloé (Siloam). Eles tocavam instrumentos musicais e cantavam canções bíblicas, como a bem conhecida *'Você deve tirar água com alegria das fontes da salvação'*.

Depois que a água era retirada com um vaso de ouro, a multidão feliz subia novamente para o Templo, enquanto todos cantavam e dançavam.
Tomando o vaso de ouro, o Sumo Sacerdote despejava a água em uma das duas bacias com bicos estreitos. A outra continha vinho. O Sacerdote segurava a bacia de água no alto para o oeste (de onde as chuvas vinham) e a de vinho em direção leste. Os peregrinos reunidos observavam como o líquido escorria dos bicos como gotas de chuva.

A cada dia, um grupo de peregrinos descia para Motza, uma pequena aldeia perto de Jerusalém, para cortar ramos de salgueiro.
Estes eram usados para decorar o altar do Templo. A cada dia o altar era circundado uma vez por pessoas segurando o *lulav* * e recitando orações *Hoshanah.*

No último dia de Sukkot o altar era circundado sete vezes e depois os ramos de salgueiro eram batidos até que as folhas caíssem - representando gotas da chuva.

Também simbolizava o fato de que salgueiros absorvem uma grande quantidade de água, mas não produzem frutos comestíveis – desperdiçando a água. Destruir os ramos era um gesto simbólico de preservação da mesma.

Outros acreditavam que as folhas que caiam simbolizavam o descarte dos pecados.
Hoje, cerimônias especiais de 'libação da água' continuam a ser realizadas em Jerusalém durante os dias intermediários do Sukkot.

Encontros *Simchat Bayit Hasho'evah* de música e dança acontecem em sinagogas, *yeshivas* * ou locais de estudo. Comidas são servidas na *sukkah* adjacente. Nos círculos ortodoxos, uma partição separa homens e mulheres durante as festividades, que começam no final da noite e muitas vezes continuam até altas horas da madrugada.

Uma interpretação chassídica cita a falta de sabor da água como uma inspiração. Sabor e gosto são representados pela palavra hebraica *Ta'am*, que também pode significar 'razão'. Libar água sobre o altar simbolizava e comemorava o amor incondicional dos judeus por Deus e sua promessa de servir a Deus independentemente de compreender, ou não, a lógica por trás dos mandamentos.

Nos primeiros sete dias do festival, uma procissão ocorre em torno da sinagoga, enquanto as orações *Hoshanot* são recitadas e hinos são cantados. O *'hosha-na'* (Nos salva, nós oramos) nos lembra da cerimônia durante os tempos do Templo, quando os circuitos diários eram feitos ao redor do altar.

Siloé (Siloam

"Assim porão o meu nome sobre os filhos de Israel, e eu os abençoarei."
Números 6: 26

Birkat Cohanim (a bênção sacerdotal) ocorre na manhã da segunda e da quinta-feira dos dias intermediários, no Muro das Lamentações, na Antiga Cidade de Jerusalém. Centenas de Cohanim (cujo nome de família indica que eles são da linhagem sacerdotal de Aarão) dão a bênção Aarônica de Números 6:24-26, enquanto são cobertos com seus *talits* (xales de oração).

A bênção sacerdotal é também conhecida como levantamento das mãos (*nesiat kapayim*) ou *Dukhanen* (da palavra Yiddish *Dukhan* - plataforma - porque a bênção é dada desde uma tribuna elevada.

"Que o Senhor (YHWH) te abençoe e te guarde, que o senhor faça Seu Rosto resplandecer luz sobre ti e tenha misericórdia de ti, que o Senhor levante o Seu rosto para ti e te dê a paz." Números 6:24-26

No sétimo dia de Sukkot, acontece o *Hoshanah Rabbah* * (o Grande Hoshanah), marcando tradicionalmente a conclusão da estação solene (os chamados 'dias solenes' referem-se ao período que se inicia com o *Rosh Hashana* (Ano Novo judaico) e também incluem *Yom Kippur* (Dia do Perdão)).

Os judeus Ashkenazi usam um *kittel* * durante este tempo (Yiddish para 'blusa'). É uma vestimenta que é usada em ocasiões solenes e em Grandes Festas. A cor branca é associada com expiação e pureza.

No oitavo dia, a oração pedindo chuva (essencial para um ano frutífero) é recitada.

As orações por chuva começam durante Sukkot e continuam até Pessach, que coincide com o final da estação chuvosa em Israel.

Diferentes Tipos de Chuva

O *Joreh* - primeira chuva depois do verão longo e seco. Geralmente cai no final de outubro ou início de novembro. Sempre um motivo de alegria e gratidão, já que os campos agora podem ser arados e preparados para as colheitas do próximo ano.

Geshem - chuvas de inverno. Geralmente caem entre meados de dezembro e março.

Melkosh - 'últimas chuvas (da primavera)'. Necessária para a cevada e a colheita dos grãos.

ORAÇÃO POR CHUVA

"E há de ser que, se diligentemente obedeceres a meus mandamentos que eu hoje te ordeno, de amar ao Senhor teu Deus, e de o servir de todo o teu coração e de toda a tua alma, darei a chuva da tua terra a seu tempo, a temporã e a serôdia, para que recolhas o teu grão, o teu mosto e o teu azeite; "

Deuteronômio 11:13-14

JUDEUS E GENTIOS COMEMORANDO O *SUKKOT*

> *"Então todos os que restarem de todas as nações que vieram contra Jerusalém, subirão de ano em ano para adorarem o Rei, o Senhor dos exércitos, e para celebrarem a festa dos tabernáculos. E se alguma das famílias da terra não subir a Jerusalém, para adorar o Rei, o Senhor dos exércitos, não cairá sobre ela a chuva. E, se a família do Egito não subir, nem vier, não virá sobre ela a chuva; virá a praga com que o Senhor ferirá as nações que não subirem a celebrar a festa dos tabernáculos. Esse será o castigo do Egito, e o castigo de todas as nações que não subirem a celebrar a festa dos tabernáculos."*
>
> **Zacarias 14:16-19**

Segundo a Bíblia, no reino milenar, nações de gentios terão de vir a Jerusalém para celebrar o Sukkot a fim de ser abençoadas com a chuva. Mesmo que hoje em dia não seja um mandamento, muitos cristãos celebram a Festa dos Tabernáculos. Por mais de 30 anos, os cristãos têm vindo a Jerusalém para celebrar a Festa dos Tabernáculos. A Embaixada Cristã Internacional – ICEJ patrocina a celebração anual que atrai milhares de pessoas de todo o mundo.

Símbolos do *Sukkot*

◊ A *sukkah* representa o estado frágil do ser humano e a necessidade da proteção divina de Deus.

◊ Todas as quatro espécies crescem perto de fontes de água e a maioria delas são capazes de se recuperar depois de um incêndio.

◊ Judeus praticantes acreditam na importância de ser enraizado na Palavra e receber água da Fonte. Mesmo quando enfrentando 'incêndios' nas suas vidas, novos brotos vão crescer a partir da árvore aparentemente devastada.

Um Ano Judaico

O número de anos no calendário judaico representa o número de anos desde a criação do mundo, calculado somando-se as idades das pessoas da Bíblia desde o tempo da criação. O ano Gregoriano 2017 corresponde ao ano judaico 5777.

Judeus geralmente não utilizam as siglas 'DC' e 'AC' para se referir aos anos no calendário civil, porque 'DC' significa 'depois do ano do nosso Senhor' (Jesus/Yeshua). Em vez disso, eles usam EC (Era Comum/Cristiana) e AEC (Antes da Era Comum).

BOM SABER

Imediatamente após o *Yom Kippur,* as pessoas começam a erguer as estruturas das *sukkah* em varandas, topo das casas, quintais e calçadas. O município de Jerusalém fornece folhas de palmeira para fazer o teto das *sukkah*. Onde quer que você vá, encontrará lojas que vendem decorações (Natal) para a *sukkah*. Uma caminhada por Mea Shearim ou outros bairros ortodoxos é uma experiência que você vai gostar.

SHMITAH – ANO SABÁTICO

"Seis anos semearás tua terra, e recolherás os seus frutos; mas no sétimo ano a deixarás descansar e ficar em pousio, para que os pobres do teu povo possam comer, e do que estes deixarem comam os animais do campo. Assim farás com a tua vinha e com o teu olival." Êxodo 23:10-11

Deus ordenou o ano *Shmitah* ou *sheviit* - sétimo ano) para ser um ano de justiça social e bondade para com os animais (Levítico 25:1-7). Ele também era para ser "*um Sabbath ao Senhor*" (Levítico 25:1-7) e um "*Sabbath para a terra*", a qual poderia renovar-se. As dívidas deveriam ser perdoadas (Deuteronômio 15:1-6) e os pobres teriam a oportunidade de ter um novo começo.

A Torá proíbe o plantio de árvores e vegetais, a poda e a colheita durante o ano sabático. No entanto, as árvores podem ser irrigadas para que não morram.

As frutas e plantas que crescem nos campos durante o ano sabático são chamadas *hefker**. Elas pertencem a todos e a ninguém, e é proibido espantar um animal selvagem se ele quiser comer. Um judeu pode comer a fruta de uma árvore durante o ano sabático, mas não tem permissão para vendê-la ou levar um pacote para casa.

Em Levítico, Deus promete expressamente que Ele abençoará o sexto ano com produtos abundantes, se o povo de Israel tiver fé suficiente para manter o ano sabático. Nem todo mundo teve essa fé. O exílio babilônico foi diretamente ligado a esse fracasso de manter o ano sabático. De acordo com a Torá, durante o exílio *"a terra terá seu Sabbath"*.

Durante os tempos talmúdicos, tornou-se cada vez mais difícil manter o ano sabático. Hillel (110 AEC - 10 DEC) instituiu o sistema de Prosbol, o que significava que um credor iria nomear um tribunal para recolher as suas dívidas. Hillel foi criticado por contornar a lei, que apenas se aplicava a alguns indivíduos. Quando os judeus retornaram a Israel após a *galut ** (exílio), a questão da *shmitah* novamente tornou-se relevante. Antes do ano sabático de 1889, os agricultores judeus receberam permissão para vender suas terras para um não-judeu durante o período sabático, de forma a continuar, assim, com a produção. Muitas autoridades ortodoxas se opuseram a esta solução. Hoje, alguns agricultores ortodoxos usam hidroponia durante o ano sabático. Hidroponia é um tipo de hidro cultura, um método de crescimento de plantas utilizando soluções de nutrientes minerais em água, sem solo.

Há muitos agricultores israelenses que guardam o *shmitah* ao pé da letra, sem procura de jeitinho para contornar a lei *Halacha**. Essas fazendas permanecem completamente ociosas e não geram receita alguma durante o ano sabático

Fundos especiais são criados por amáveis doadores para ajudar os agricultores a guardarem esta *mitzvah **.

O ano de 5768 (2007-2008) foi um ano sabático. 2021 (5789) será o início do próximo ano *Shmitah*.

CERIMÔNIA *HEKHAL/HACHEL*

"Também Moisés lhes deu ordem, dizendo: Ao fim de cada sete anos, no tempo determinado do ano da remissão, na festa dos tabernáculos, quando todo o Israel vier a comparecer perante o Senhor teu Deus, no lugar que ele escolher, lereis esta lei diante de todo o Israel, para todos ouvirem. Congregai o povo, homens, mulheres e pequeninos, e os estrangeiros que estão dentro das vossas portas, para que ouçam e aprendam, e temam ao Senhor vosso Deus, e tenham cuidado de cumprir todas as palavras desta lei; e que seus filhos que não a souberem ouçam, e aprendam a temer ao Senhor vosso Deus, todos os dias que viverdes sobre a terra a qual estais passando o Jordão para possuir."

Deuteronômio 31: 10-13

Hachel * refere-se a um costume, baseado na prática obrigatória da Bíblia, de reunir todos os homens, mulheres e crianças judeus para ouvir a leitura da Torá feita pelo rei de Israel uma vez a cada sete anos.

Originalmente esta cerimônia teve lugar no local do Templo, em Jerusalém, durante o Sukkot, no ano seguinte a um sétimo ano. De acordo com a *Mishná* *, o 'mandamento para reunir' foi realizado durante os anos da Primeira e Segunda era do Templo. Ele foi interrompido após a destruição do Templo e a dispersão do povo judeu de suas terras. No século XX, no entanto, foi reavivado pelo governo de Israel e por grupos de judeus praticantes.

A primeira cerimônia oficial israelense de *Hachel* foi realizada durante o Sukkot de 1945, ano seguinte ao ano sabático. Cerimônias similares presididas por funcionários do governo de Israel foram realizadas a cada sete anos desde então. Algumas vezes, o presidente de Israel executa a cerimônia; outras vezes, rabinos bem conhecidos lideram a cerimônia no Kotel (Muro das Lamentações), em Jerusalém.

YOVEL – O ANO DO JUBILEU

Yovel * - o ano do Jubileu é o ano no fim de sete ciclos de *shmitah* * (anos sabáticos). Segundo os regulamentos bíblicos esse ano teve um impacto especial sobre a propriedade e gestão de terra em Eretz Israel.

Alguns debatem se foi o quadragésimo nono ano (o último ano de sete ciclos sabáticos, referido como o 'Sabbath do Sabbath') ou se foi o seguinte (quinquagésimo) ano. O quin

quagésimo ano sagrado é um momento de liberdade e de festa, quando todos recebem de volta suas propriedades e os escravos voltam para casa, para suas famílias (veja Levítico 25:10).

As regras bíblicas referentes a anos sabáticos (*Shmita)* ainda são guardadas por muitos judeus religiosos em Israel, mas os regulamentos para o ano jubilar não são guardados já faz vários séculos.

CAPÍTULO 22

SHEMINI ATZERET – SIMCHAT TORAH
ALEGRIA DA TORAH

> *"Regozijo-me com a tua palavra, como quem acha grande despojo."*
> **Salmo 119: 162**

Simchat Torah (Alegria da Torá) é comemorado no oitavo dia de Sukkot. Na Diáspora é comemorado um dia depois. *Simchat Torah* marca a conclusão do ciclo anual de leitura da Torá e o início de um novo ciclo.

Durante os tempos do Templo, setenta sacrifícios eram oferecidos durante os sete dias de Sukkot - mais do que em qualquer outro feriado. Alguns acreditam que era para ser um ato de agradecimento por uma colheita bem sucedida, que foi ligado com uma oração pela abundância no ano seguinte. Estudiosos do Talmude acreditam que os setenta sacrifícios eram para trazer mérito às setenta nações conhecidas do mundo. Hoje, os fiéis oram pelas nações dos gentios.

Os rabinos tentaram responder por que Deus ordenou um oitavo dia, mesmo quando Ele estipulou que o Sukkot tivesse apenas sete dias. De acordo com eles, Deus pediu a seu povo para permanecer com ele por mais um dia.
A prática do ciclo de leitura anual foi estabelecida entre os séculos VI - XI EC e, portanto, não é mencionada no *Talmud*. Na Idade Média, algumas comunidades acendiam fogueiras, usando as peças desmontadas e descartáveis da sukkah.

Na noite de *Simchat Torah,* todos os rolos da Torá são retirados da *Arca* * e levados em torno da *bimah* * (plataforma do leitor).

Esta é a única noite do ano em que isso ocorre. Durante a procissão das sete vezes (*hakkafot**) um canto especial é cantado. Cada procissão é separada por um intervalo de canto e dança em que as pessoas que transportam os rolos da Torá são acompanhadas por outras pessoas que entram na procissão . As crianças carregam bandeiras *Simchat Torah* ou miniaturas de rolos.

Algumas congregações leem Deuteronômio 33: 1-17; é a única vez que a leitura da Lei ocorre à noite.
Durante o culto da manhã, outra procissão das sete vezes ocorre seguida da leitura de Deuteronômio 33 e 34. É habitual para todos os homens serem chamados para a leitura da Lei. Algumas sinagogas permitem homens e mulheres na *bimah*.

Durante a cerimônia *Kol Hane'arim* (Chamando as crianças), as crianças ficam juntas sob um grande xale de oração, enquanto a bênção de Jacó é recitada:
> *"E abençoou a José, dizendo: O Deus em cuja presença andaram os meus pais Abraão e Isaque, o Deus que tem sido o meu pastor durante toda a minha vida até este dia, o anjo que me tem livrado de todo o mal, abençoe estes mancebos, e seja chamado neles o meu nome, e o nome de meus pais Abraão e Isaque; e multipliquem-se abundantemente no meio da terra."*
> **Gênesis 48: 15-16**

A última seção do Pentateuco é reservada para o *Chatan Torah* * (Esposo da Lei). Após o honrado membro da congragação terminar a leitura, a congregação diz em voz alta: *"Házak, házak, ve'nithazek!"* (Seja forte, seja forte e vamos ser fortes!).
Agora, um segundo rolo (Gênesis) é pego e o novo ciclo de leitura começa.
A pessoa honrada para ler Gênesis 1-2: 3 é chamada de *Chatan Bereshit* * (Noivo do início). Uma terceira pessoa, o *Maftir* *, é chamada para fazer a leitura profética de Josué capítulo 1. No passado, os dois "noivos" tinham de oferecer uma grande festa para toda a congregação, mas atualmente apenas se serve vinho e uma comida leve.

Em Israel, é costume realizar outra hakkafot, a céu aberto, na noite após *Simchat Torah*.

Nas sinagogas, a Torá é lida no Shabbat, na maioria dos feriados e nas manhãs de segunda e quinta-feira. Este costume remonta dos tempos antigos, quando a maioria dos judeus eram agricultores ou pastores. Nestes dias eles traziam a sua comida para o mercado. Depois de ter vendido os seus produtos, os homens se reuniam para ler a *Torah.*

CAPÍTULO 23

CHANUKAH – FESTA DA DEDICAÇÃO

Chanukah cai no dia 25 de *Kislev* (dezembro). Como este Festival de oito dias muitas vezes coincide com o Natal, é jocosamente chamado de 'Chanunatal'.

Quando em 175 AEC, Antíoco Epifânio tornou-se rei da Síria, todos os cidadãos tiveram que abraçar a religião e a cultura grega. Na Judéia, a observância do sábado foi proscrita, as leis *kosher* * e a circuncisão proibidas e aqueles encontrados praticando o Judaísmo eram mortos. O Templo de Jerusalém foi profanado sacrificando porcos no altar e erigindo uma estátua de Zeus.
Alguns judeus cumpriram os decretos de Antíoco. Outros se tornaram crentes secretos ou mártires.

Em 167 AEC, Matatias, o ancião da aldeia e sacerdote de Modi'in, recusou-se a matar o porco sacrificial grego e comer sua carne. Quando alguém se ofereceu para realizar os ritos em seu lugar, Matatias ficou tão enfurecido que matou o homem. No tumulto que se seguiu, os soldados gregos foram mortos por Matatias, seus cinco filhos e alguns aldeões. Juntamente com um grupo de pessoas que eram fiéis ao Senhor, Matatias se escondeu nas montanhas do Deserto da Judéia. A partir desta área eles realizaram ataques de guerrilha contra os gregos. Após a morte de Matatias, Judas tornou-se o líder militar. Seu apelido 'Macabeu' é provavelmente derivado da sigla: *'Mi kamocha ba'elim Adonai'* – 'Quem é como tu entre os deuses, Ó Senhor'.

Mesmo com o Templo de Jerusalém libertado pelos Macabeus em 164 AEC, foi apenas em 142 AEC que se alcançou a independência de Judéia.

Como único sobrevivente da família, o irmão de Judas, Simão, tornou-se o Sumo Sacerdote e lider. Este foi o início da dinastia dos Hasmoneus, que continuou até a ocupação romana da Judéia em 63 AEC.

Chanukah (dedicação) refere-se à re-dedicação e purificação do Segundo Templo, em 164 AEC. Houve apenas um dia de suprimento de azeite puro (*kosher* *) para iluminar o *Menorah* * (candelabro de sete braços) do Templo. A *Menorah* foi aceso e, milagrosamente, queimou por oito dias.

No tempo de Jesus, Chanukah foi chamado de "Festa da Dedicação".
"Celebrava-se então em Jerusalém a festa da dedicação. E era inverno. Andava Jesus passeando no templo, no pórtico de Salomão".

João 10:22-23

O Templo de Jerusalém era o símbolo religioso e nacional judaico. Após sua destruição, o foco religioso mudou-se para a sinagoga. Os rabinos mudaram para a 'o milagre do óleo' - o milagre que manteve a Menorah do templo queimando durante oito dias. Como um lembrete visual e esperançoso de que milagres ainda acontecem, as pessoas começaram a acender lâmpadas de óleo em suas casas.
O aspecto militar judaico do Festival foi diminuído para não irritar os ocupantes romanos. Somente no século XIX, com o surgimento do movimento sionista e o nacionalismo judeu, o aspecto militar do Chanukah voltou à tona. O povo judeu tomou coragem lembrando-se da força e da coragem dos macabeus.

O festival é observado acendendo as luzes de um candelabro único, o *Menorah* de nove braços ou Chanukiah*, que tem oito braços e um braço adicional mais elevado. O braço adicional é chamado de *Shamash* * (atendente ou sacristão) e é usado para acender as outras velas.

Bairros religiosos têm *Chanukiot* colocados ao longo das ruas.
Na primeira noite do Festival, cerimônias públicas de iluminação das velas são realizadas em todo o mundo. Em cada noite uma luz adicional é acesa, até que todas as velas ardem na oitava e última noite.

Depois de acender as velas é tradição cantar o hino *Ma'or Tzur*. A canção contém seis estrofes. A primeira e a última lidam com temas gerais da salvação divina; as quatro do meio lidam com eventos de perseguição na história judaica e de louvor a Deus para a sobrevivência apesar destas tragédias:
O êxodo do Egito, o cativeiro babilônico, o milagre do feriado de *Purim* e a vitória dos Hasmoneus sobre os gregos.

Uma tradução popular (não literal) é chamada de '*Rock of Ages*' (Rock das Eras). Com base na versão alemã de Leopold Stein (1810-1882), foi escrita pelo lingüista talmúdico Marcus Jastrow e por Gustav Gottheil.

O Chanukah é a época de comer sufganiot (sonhos recheados de geleia) e *latkes* (panquecas de batata). O feriado é comemorado por jovens e velhos, mas é o favorito das famílias com crianças pequenas.

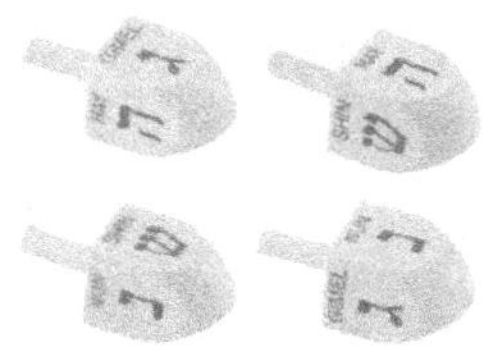

O *Sevivon - Dreidel* (Pião)

O *sevivon* * - pião – é um brinquedo específico para *Chanukah.* Acredita-se que o jogo se originou na Índia. Durante a Idade Média foi jogado na véspera de Natal por cristãos alemães. Os judeus alemães substituíram as cartas alemãs por cartas hebraicas de sonoridade semelhante: *Nun - Gimel - Heh - e Shin,* que é acrônimo para: '*Nes Gadol Haya Sham*' - um grande milagre aconteceu lá. Em Israel, o '*sham*' (lá), é substituído por '*poh*' (aqui).

Chanukah Gelt (Dinheiro)

A tradição de *Chanukah gelt* (dinheiro dado às crianças durante o *Chanukah)* provém de uma prática dos judeus poloneses do século XVII, que davam dinheiro para seus filhos pequenos para eles distribuírem entre seus professores. Mais tarde, as crianças foram autorizadas a ficar com o dinheiro. No século XVIII, tornou-se um costume dos estudantes *yeshiva* * pobres visitar casas de benfeitores judeus que distribuíam o dinheiro do *Chanukah*. É também possível que o costume tenha evoluído dos judeus da Europa Oriental, que davam moedas para professores religiosos como um sinal de gratidão (similar ao costume de dar gorjeta para pessoas que cumprem serviços no Natal).

Em 1958, o Banco de Israel emitiu moedas comemorativas para usar como *Chanukah gelt*. Naquele ano, a moeda tinha a imagem do *menorah* que aparecia nas moedas dos Macabeus, dois mil anos antes. As crianças muitas vezes usam gelt de chocolate para brincar de *dreidel* *. Pais, avós ou outros parentes dão às crianças mais velhas dinheiro real.

Nas comunidades chassídicas, os rabinos continuam com a prática de distribuir pequenas moedas para aqueles que os visitam durante o *Chanukah*. Judeus chassídicos consideram que isto é uma bênção do Rabino e um *segulá* * para o sucesso.

Meu refúgio, minha rocha de salvação!
Agradável cantar teus louvores.
Deixe que a nossa casa de oração
seja restaurada.
E lá iremos oferecer-lhe os nossos agra-
decimentos.
Quando você silenciar totalmente
a falação do inimigo.
Então, vamos comemorar com música e
Salmo a dedicação do altar.

ROCK OF AGES

Rock das Eras, deixe que nossa canção
admire Seu poder de salvação.
Você no meio de inimigos possessos
era nossa torre de abrigo.
Furiosos, eles nos agrediram
mas seu braço nos ajudou
e sua palavra quebrou a espada deles
quando nossa própria força nos falhou.

Novas lâmpadas sagradas,
os sacerdotes aprovaram em
sofrimento,
purificado o santuário da nação,
trouxe a Deus sua oferta.
E seus átrios circundantes,
ouvem, na alegria abundante,
multidões felizes, cantando canções
com um poderoso som.

Crianças da raça mártir,
seja livres ou acorrentadas,
acorde os ecos das canções
onde sejais dispersos.
Sua a mensagem animadora,
que o tempo está aproximando
que vai ver, todos os homens livres,
os tiranos desaparecendo.

'BLI AYIN HA RA'

O *ayin ha ra* – 'mau olhado', é a crença de que certos indivíduos têm a capacidade de causar danos ao direcionar seu olhar para os outros. Essa pessoa inflige a má sorte, a doença ou mesmo a morte. Por conseguinte, a vítima em potencial inventa maneiras de se proteger contra este olhar nocivo utilizando encantos de proteção. Isso pode ser um talismã usado ao redor do pescoço, um fio de cor vermelha e azul ou espelhos para afastar o mal. Sefarditas e judeus do Oriente guardam este costume usando tinta azul em seus umbrais e exibindo amuletos (como um *Chamsa* *) com textos bíblicos ou cabalísticos. Os Ashkenazim amarram uma fita vermelha na criança recém nascida. A expressão *'Bli ayin hara'* significa 'Que ninguém lance um mau olhado - que a sua situação positiva continue'.

O JEJUM DE ASARAH BETEVET
(O Décimo de *Tevet*)

O Jejum de *Asarah Betevet* (o Décimo de *Tevet*), depois de *Chanukah*, é um dia de jejum menor (ou 'baixo jejum') e, portanto, só é observado desde o amanhecer até o pôr do sol. Ele comemora o início do cerco de Jerusalém pelo rei Nabucodonosor II da Babilónia. Este evento culminou com a destruição do Templo de Salomão (o Primeiro Templo) e a conquista do Reino de Judá.

A ORAÇÃO DO PLANTADOR

Composta pelo rabino Ben-Zion Meir Hai Uziel, o primeiro rabino-chefe sefardita do Estado de Israel.

Nosso Pai que está no Céu,
O Construtor de Sião e de Jerusalém,
Esteja satisfeito, Senhor, com a Sua terra,
E derrame bondade em cima dela.
Da bondade de sua bondade.
Dê orvalho para uma bênção e cause chuvas desejáveis para cair no seu tempo.
Sacie os montes de Israel e seus vales,
e regue cada planta e árvore que lá vive.
Quanto a estas mudas que plantamos ante o Senhor hoje, aprofunda suas raízes e aumenta a sua magnificência.

Que elas possam florescer e ser aceitas,
entre as outras árvores de Israel,
para bênção e para embelezar.
Fortalecei as mãos de todos os nossos irmãos, que trabalham na obra do solo santo,
e que fazem o deserto florescer.
Abençoa-os, Senhor, para que possam ter sucesso, e que a obra das suas mãos seja aceitável.
Olhe desde Sua santa moradia, desde o céu, e abençoe Teu povo Israel, e a terra que nos deu, como prometeste aos nossos antepassados. Amém.

CAPÍTULO 24

TU B'SHVAT - O ANO NOVO DAS ÁRVORES

"Como foi plantada para você, você vai plantar para os seus filhos." Levíticus Rabá, 28

Tu B'shvat, o dia 15 do mês hebraico de *Shvat* (final de janeiro ou início de fevereiro) não é mencionado na Bíblia.

No entanto, a *Mishnah* * (parte do *Talmud*) descreve-o como o 'Ano Novo das Árvores'. A estação das chuvas de Israel geralmente já acabou nessa época, mas as pessoas ainda esperam a bênção da 'chuva serôdia'. Este feriado marca o renascimento da natureza, que é simbolizado pela brotos da amendoeira.

Levítico 19 nos diz o que se esperava dos israelitas quando eles entraram na Terra Prometida: *"Quando tiverdes entrado na terra e tiverdes plantado toda qualidade de árvores para delas comerdes, tereis o seu fruto como incircunciso; por três anos ele vos será como incircunciso; dele não se comerá."*

Ter uma data específica, como o Ano Novo das Árvores, também ajudou com a lei do dízimo – um décimo da fruta produzida por um fazendeiro tinha que ser doada para os sacerdotes.

Os dízimos bíblicos eram:

♦ *Orlá* - refere-se a uma proibição bíblica (Levítico 19:23) de comer os frutos produzidos durante os três primeiros anos a partir da data em que a árvore foi plantada.
♦ *Neta Reva'i* - refere-se ao mandamento bíblico (Levítico 19:24) de trazer a colheita de frutas do quarto ano a Jerusalém, como um dízimo.
♦ *Ma'aser Sheni* - foi um dízimo que era comido em Jerusalém.
♦ *Ma'aser Ani* - foi um dízimo dado aos pobres (Deuteronômio 14: 22-29), que era calculado dependendo se o fruto madurava antes ou depois de *Tu B'shvat.*

Durante o período do Segundo Templo, era costume plantar uma árvore quando uma criança nascia - um cedro para um menino (referindo-se à sua altura e força) e um cipreste (menor e perfumado) para uma menina. Quando a criança se casava, a madeira da árvore era usada para fazer a chuppah *, o dossel de casamento.

Ao longo dos séculos, as diversas comunidades judaicas na diáspora desenvolveram todos os tipos de costumes para celebrar este dia. No início do século XIX, quando os primeiros colonos judeus começaram a resgatar Eretz Israel, parte de seu trabalho era plantar árvores nas colinas áridas e erodidas.

No *Tu B'shvat* de 25 de janeiro de 1890, o rabino Zeev Yavetz e seus alunos deram um bom exemplo plantando árvores na colônia agrícola de Zichron Ya'akov.

A idéia de plantar árvores em *Tu B'Shvat* foi adotada em 1908 pela União de Professores Judeus e mais tarde pelo Fundo Nacional Judeu (*Keren haKayemet LeIsrael*) que, entre outros empreendimentos, começou a supervisionar a arborização da Terra de Israel.

Muitas das principais instituições de Israel escolheram este dia para suas cerimônias de inauguração.

A pedra angular da Universidade Hebraica de Jerusalém foi colocada no *Tu B'Shvat* de 1918 e a primeira pedra do Technion de Haifa foi colocada nesse dia, em 1925. O primeiro parlamento judeu do Estado soberano judaico escolheu realizar a sua primeira sessão no Knesset em *Tu B'shvat* de 1949.

Em *Tu B'Shvat* é costume comer os tipos de frutas secas mencionadas em Deuteronômio 8: 8 (as sete espécies). Alguns judeus ortodoxos fazem doces de sua *Etrog* (uma das 'Quatro Espécies') durante o *Sukkot* e comem-nos durante *Tu B'Shvat.*

Tu B'shvat às vezes é chamado de Dia Judaico da Árvore. O destaque do feriado é o plantio de uma nova muda no solo de Eretz Israel, a pátria judaica.

A AMÊNDOA

Em janeiro, a amendoeira nodosa e sem folhas começa a florescer; suas flores brancas com um tom rosa fornecem abundante néctar para as abelhas selvagens.

A amêndoa pertence à família do pêssego. Cresce selvagem em Israel e pode atingir uma altura de 4,5 a 6 metros. O fruto é uma drupa, isto é, tem uma parte macia de polpa em torno de um caroço interior que contém as sementes. Quando amadurece, sua casca seca ou fica lenhosa e se divide em duas metades. As frutas verdes são uma iguaria para alguns, mas a maioria das pessoas prefere o caroço seco, a amêndoa que conhecemos tão bem e que comemos tanto salgada como em pó, em uma pasta açucarada conhecida como marzipan.

Brotos e flores de amêndoa são modelados para os candelabros do Tabernáculo. Da vara de Aarão milagrosamente brotaram folhas e flores de amêndoa ao mesmo tempo - o sinal de Deus de que Aarão e a sua tribo foram escolhidos como sacerdotes. Durante os sete anos de fome, Jacó enviou amêndoas ao governante egípcio - uma iguaria para ele.

Em Eclesiastes, a amêndoa simboliza a velhice porque as flores brancas são uma reminiscência dos cabelos brancos.

Gênesis 28:19 menciona Luz. A aldeia provavelmente recebeu este nome porque as colinas ao seu redor estavam cheias de amendoeiras.

A raiz da palavra hebraica *shaked* (amêndoa) é a palavra *shoked,* para assistir diligentemente ou esperar. Em Jeremias 1:8 é utilizado como um jogo de palavras. *"Deus pergunta a Jeremias, vigia de Israel, o que ele vê",* "Vejo uma vara de amendoeira (*shaked*)", ele responde. O Senhor responde: "Viste bem (*shoked*); porque eu velo sobre a minha palavra para cumpri-la".

Nos tempos antigos, os frutos secos eram moídos formando uma pasta ou eram usados para fazer óleo. As amêndoas foram um ingrediente exclusivo no tempo dos romanos. O gosto amargo era removido ao cozinhá-las em água e as cascas eram usadas como combustível.

> *"E como eles tinham estabelecido, tanto para si mesmos, como para seus descendentes, com os jejuns e as lamentações."*
>
> **Ester 9:31**

O Jejum de Ester (*Ta'anit Esther*) no dia 13 de *Adar* (antes de *Purim*) comemora o jejum de três dias observado pelo povo judeu no livro de Ester.

Por este não ser um dos quatro jejuns públicos ordenados pelos Profetas, mulheres grávidas, lactantes, e aqueles que são fracos não são obrigados a observá-lo.

CAPÍTULO 25

PURIM

Purim é a celebração da libertação dos judeus de um inimigo determinado a destruí-los. É comemorado nos dias 14 e 15 de *Adar* (geralmente em março). *Purim* é o plural da palavra hebraica *'pur'*, que significa 'sorteio', usada para determinar alguma coisa por acaso. Refere-se aos sorteios feitos por Hamã para escolher a data na qual planejava destruir os judeus.

Ao longo do livro de Ester "... *o nome de Deus é mencionado, mas o dedo certamente está*", escreveu Matthew Henry. *"Sua providência é óbvia - em silêncio, mas está soberanamente em trabalho na vida de homens e mulheres."*

Apesar de *Purim* ser uma festa menor, do um ponto de vista religioso, que não é mencionada na *Torah* como uma festa do Senhor, ela é celebrada com fervor.

Até 2 AEC, *Purim* foi chamada de 'Dia do Mordechai' ou 'dia da Proteção'. As pessoas observavam o feriado recitando a história da *Megillah* * (pergaminho) em suas casas e através da troca de presentes.

O *Talmud* descreve leituras públicas durante o período do Segundo Templo. Os sacerdotes eram orientados a parar o seu serviço no Templo e ouvir a recitação. Esta prática terminou com a destruição do Templo em 70 EC.

Com a canonização do livro de Ester e o aparecimento de sinagogas, as leituras públicas em hebraico e outras línguas se tornaram populares. Entre o final século III e o início do século V EC, a leitura do *Megillah* hebraico foi universalmente aceito. A liturgia foi a mesma, mas o drama, a cor, a folia e a ostentação variaram de país para país. Durante a Idade Média, a celebração foi animada por bailes de máscaras, palhaços, músicos e atores. A algazarra e a escolha de uma rainha ou rei *Purim* são atribuídas ao século XIV na França. Já as brincadeiras do *Purim* originam-se no século XVI.

Em 1615, em Frankfurt, Alemanha, um padeiro local se declarou o 'novo Haman' e organizou um ataque contra os judeus da cidade.

Embora eles lutassem, eles foram levados para fora da cidade e tiveram de deixar seus pertences para trás. Alguns meses mais tarde, o líder da cidade percebeu a injustiça que tinha sido feita. Uma banda recebeu os judeus de volta a Frankfurt, o padeiro foi morto e sua casa destruída. Uma placa descreveu seus crimes e a punição. Daquele dia em diante, *Purim* tornou-se uma celebração especial para os judeus em Frankfurt. Durante o festival eles leem um Megillah especial relembrando sua história.

O teatro ambulante, '*shpil*' do *Purim,* transformou-se em apresentações em palcos. Até a Segunda Guerra Mundial, na Alemanha e na Europa Oriental, performances tiveram lugar durante o mês de *Adar*. Na Europa Ocidental, América do Norte e Israel, a ênfase estava mais nas festas de máscaras *Purim* para adultos e crianças.

O livro de Ester é geralmente escrito em um rolo de pergaminho de um animal *kosher* *. O *Megillah* (Pergaminho) é muitas vezes ilustrado e isto é permitido porque o nome de Deus não é mencionado no mesmo. O pergaminho é lido na sinagoga na véspera do *Purim* e na manhã seguinte.

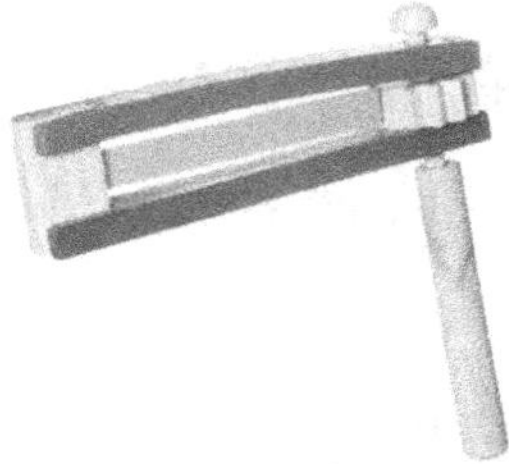

Cada vez que o nome de Haman é mencionado, as pessoas usam seus *ra'ashan* * (*greggers*) e batem seus pés para abafar o nome de Haman.

Purim é uma festa de alegria e é a única vez em que as pessoas podem ficar bêbadas, para que eles não se lembrem se era Mordechai ou Haman que devia ser elogiado ou amaldiçoado.

Durante este festival, as pessoas enviam *misloach manot* * (presentes para os pobres). Também é costume dar dinheiro.

Na sinagoga, pouco antes da leitura da Megillah, fiéis do sexo masculino muitas vezes doam moedas como um lembrete do antigo costume de todo judeu de mais de vinte anos de pagar meio shekel para a manutenção do Templo em Jerusalém.

Como a cidade de Shusan era uma cidade murada, um dia extra foi adicionado para as celebrações. Esta é a razão pela qual uma cidade murada, como Jerusalém, comemora o *Purim* no dia 15 de *Adar*.

Purim é um feriado oficial nas escolas de Israel e as ruas ficam cheias de crianças e adultos usando fantasias, chapéus engraçados ou perucas.

> ***Oznei Haman*** ou ***Haman Taschen*** (orelhas de Haman) é um tipo de biscoito de três pontas, o doce favorito do *Purim*. Um dos recheios é de sementes de papoula, chamado de '*Mohn*' em iídiche, que soa um pouco como 'Haman'. *Oznei Haman* refere-se ao velho costume europeu de cortar as orelhas de criminosos antes de eles serem enforcados.
>
> 

Como o ano judaico é baseado no calendário lunar, um ano normal tem de 353 a 355 dias. Devido aos feriados judaicos sempre serem comemorados no mesmo dia do calendário lunar, em certos anos Pessach seria comemorado no verão, no outono ou no inverno, em vez de se na primavera. Para evitar isso, a cada três anos foi adicionado um mês extra - *Adar I*, e o o mês regular foi chamado de *Adar II*. O ano bissexto tem 13 meses, entre 383 e 385 dias.

Purim é sempre comemorado no dia 14 (ou 15) de *Adar,* portanto, algumas comunidades celebram um '*Purim Katan*' (um pequeno *Purim*), além do *Purim* real, quando for ano bissexto.

Acredita-se que Moisés nasceu no dia 7 de *Adar I* e morreu no mesmo dia em *Adar II.* *"Assim Moisés, servo do Senhor, morreu ali na terra de Moabe, conforme o dito do Senhor, que o sepultou no vale, na terra de Moabe, defronte de Bete-Peor; e ninguém sabe até hoje o lugar da sua sepultura. Tinha Moisés cento e vinte anos quando morreu; não se lhe escurecera a vista, nem se lhe fugira o vigor."*

Deuteronômio 34: 5-7

Os judeus ortodoxos jejuam neste dia e adicionam uma oração especial antes dos serviços da sinagoga. As sociedades funerárias judaicas muitas vezes se encontram no dia sete de *Adar.*

Ninguém sabe o lugar exato da morte de Moisés, portanto, as Forças de Defesa de Israel – IDF, escolheram o dia 7 de *Adar* para realizar um serviço memorial especial para soldados cujos corpos não foram encontrados ou não puderam ser identificados. No cemitério das IDF, no Monte Herzl, encontra-se uma parede com os nomes de 588 soldados israelitas caídos e cujas sepulturas são desconhecidas.

CAPÍTULO 26

FAZENDO *ALIYAH* - A REUNIÃO DOS EXILADOS

"E quando eu vi o judeu Africano curvando-se sobre o forno,
Para extrair o lingote de aço em brasa,
E passá-lo com suas pinças para o imigrante dos Bálcãs,
Eu vi pessoas firmes em suas fundações.
Eles são judeus de Trípoli, Turquia, Sana'a e Lvov,
De Sofia e Yassi, bem barbeado, bem barbudo."

Natan Alterman

Aliyah * é a palavra que descreve o retorno do povo judeu do exílio na diáspora de volta para a Terra de Israel. A palavra é derivada do verbo '*la'alot*' – 'Ir para cima' ou 'para subir' - em um sentido espiritual positivo. Uma pessoa que faz *aliyah* é chamada de *oleh (olim* no plural), que significa 'aquele que sobe'. A ação oposta, a emigração de Israel, é referida como *yerida* (descida).

Segundo a tradição judaica, viajar para a Terra de Israel é uma ascensão, tanto geograficamente como metafisicamente. Em antigos tempos rabínicos, muitos judeus viviam no Egito, Babilônia ou na bacia do Mediterrâneo. Eles 'fizeram uma ascensão' ao visitar Jerusalém, que está a 2.700 pés acima do nível do mar. *Aliyah,* a imigração de judeus para *Eretz Israel* (a terra de Israel), é um conceito cultural judaico importante e um elemento fundamental do sionismo.

DITADOS SOBRE ERETZ ISRAEL

- A terra que mana leite e mel.
- Para efetuar a compra de uma casa na Terra de Israel, a escritura pode ser realizada até no Shabbat.
- Só na Terra Santa pode o espírito judaico se desenvolver e ser uma luz para o mundo.
- Deus tomou a medida de todas as terras e descobriu que apenas a Terra de Israel era adequada para o povo judeu.
- Aquele que vive na Terra de Israel é considerado alguém que adora o Deus Único; alguém que vive fora da Terra de Israel é considerado como se não tivesse Deus.
- Viver na terra de Israel é igual a todos os outros mandamentos.
- A primeira coisa a fazer quando você entra na Terra de Israel é cultivar a terra.
- Os mortos da Terra de Israel serão os primeiros a serem ressuscitados, no final dos tempos.

Ele está consagrado na Lei do Retorno de Israel, que concede a qualquer judeu, considerado como tal pela lei *Halacha* * e/ou a lei secular israelense, e para elegíveis não-judeus, ou seja, um filho ou um neto de um judeu, o cônjuge de um judeu, o cônjuge de um filho de um judeu e o cônjuge de um neto de um judeu, o direito legal de imigração e estabelecimento em Israel, bem como obter cidadania israelense.

Muitos judeus religiosos defendem *aliyah* como um retorno para a Terra Prometida e o consideram como o cumprimento da promessa bíblica de Deus para os descendentes dos patriarcas hebraicos Abraão, Isaque e Jacó. Alguns acreditam que *Aliyah* é um dos 613 mandamentos.

No discurso sionista, *aliyah (aliyot* no plural) inclui tanto a imigração voluntária, por razões ideológicas, emocionais ou práticas, quanto a fuga em massa de populações de judeus perseguidos. A grande maioria dos judeus israelenses hoje rastreia as raízes recentes de sua família fora do país. Enquanto muitos escolheram ativamente se estabelecer em Israel, em vez de algum outro país, muitos outros tinham pouca ou nenhuma escolha. Enquanto Israel é comumente reconhecido como 'um país de imigrantes', também é, em grande medida, um país de refugiados.

A última palavra de 2 Crônicas 36:23 (Bíblia Hebraica) é *veya'al*, uma forma verbal derivada da mesma raiz que *aliyah,* que significa 'deixa ele subir' para Israel.

Voltar à terra de Israel é um tema recorrente nas orações judaicas recitadas três vezes por dia. Também, durante os rituais dos feriados de Pessach e de *Yom Kippur*, as orações concluem com as palavras 'no próximo ano em Jerusalém'.

Como a linhagem judaica pode fornecer o direito da cidadania israelense, *aliyah* tem tanto um significado secular como religioso. Em todos os períodos históricos durante os quais regressar à Terra de Israel era possível, grupos e indivíduos judeus voltaram para a pátria judaica.

Para os judeus religiosos, *aliyah* era (e ainda é) associado com a (primeira) vinda do Messias. Ele iria redimir a Terra de Israel do domínio gentio e retornar os judeus do mundo para a sua terra, sob uma teocracia baseada na lei do Halacha.

Abraão - O Primeiro *Oleh Chadash,* e sua família vieram para a terra de Canaã por volta de
1800 AEC. Jacó e sua família desceram ao Egito
e séculos mais tarde, cerca de 1300 AEC, Moisés e Josué conduziram os israelitas de volta a
Canaã.

Após o exílio babilônico, cerca de 50.000 judeus voltaram a Sião seguindo o Decreto do
Rei Ciro, em 538 AEC. Esdras, o escriba, condu-
ziu os exilados judeus que viviam na Babilônia
de volta a sua cidade natal de Jerusalém, em
459 AEC. Outros voltaram ao longo da era do
Segundo Templo.

Durante a Idade Média, massacres e persegui-
ções levaram muitos judeus à Terra de Israel.
Nos século XVIII e início do século XIX, milhares
de seguidores de vários cabalistas e rabinos
chassídicos incrementaram consideravelmente
as populações judaicas em Jerusalém, Tiberias,
Hebron e Safed.
Os sonhos messiânicos do Vilna Gaon inspira-
ram uma das maiores ondas pré-sionistas de
imigração para *Eretz Yisrael*. Em 1808, centenas de discípulos do Gaon, conhecidos como
Perushim, instalaram-se em Tiberias e Safed e
mais tarde formaram o núcleo do Velho Yishuv
de Jerusalém.
Na primeira década do século XIX, milhares de
judeus da Pérsia, Marrocos, Iêmen e Rússia,
mudaram-se para Israel. Muitos mais foram
atraídos pela expectativa da chegada do Messias no ano judaico de 5600 (1840).

**PALAVRAS SABIAS DE
DAVID BEN-GURION**

(1886-1973)

◊ "Em Israel, para ser um realista, você
deve acreditar em milagres."

◊ "O nosso é um país construído mais em
pessoas do que em território. Os judeus
vêm de toda parte: da França, da Rússia, da América, do Iêmen... Sua fé é o
seu passaporte."

◊ "Há onze milhões de judeus no mundo.
Eu não digo que todos eles virão aqui,
mas espero vários milhões e, com o
aumento natural, eu posso imaginar um
Estado judeu de dez milhões."

◊ "O sofrimento enaltece um povo e nós
sofremos muito. Tivemos uma mensagem a dar ao mundo, mas fomos sur-
preendidos e a mensagem foi cortada
ao meio. Com o tempo, haverá milhões
de nós - cada vez mais e mais fortes - e
vamos completar a mensagem."

Entre 1882 e 1903, cerca de 35.000 judeus do
Império Russo (Hoveivei Zion e movimentos
Bilu) e um grupo menor do Iêmen, instalaram-
se no que era então a Palestina Otomana. Muitos estabeleceram comunidades agrícolas, por
exemplo em Petach Tikvah, Rishon Lezion,
Rosh Pina e Zichron Ya'akov. Judeus iemenitas
se estabeleceram em Silwan, um bairro árabe
de Jerusalém, nas ladeiras do Monte das Oliveiras.

Entre 1904 e 1914, 40.000 judeus, a maioria
russos, imigraram para a Palestina Otomana
devido a massacres e surtos de antissemitismo.
Este grupo socialista e idealista estabeleceu o
primeiro *kibbutz*, chamado Degania, em 1909.
Eles também formaram organizações de auto-
defesa, como Hashomer, para combater a crescente hostilidade árabe e para ajudar os judeus
a proteger suas comunidades de bandidos árabes.

Eliezer Ben Yehuda

Eliezer Ben Yehuda reviveu o hebraico como língua nacional; jornais e literatura hebraica foram publicados e os partidos políticos e organizações de trabalhadores foram estabelecidos.

Após a Primeira Guerra Mundial, entre 1919 e 1923, 40.000, principalmente russos, se estabeleceram no país que agora estava sob o Mandato Britânico da Palestina.

Muitos pioneiros, *halutzim*, que foram treinados na agricultura, estabeleceram auto-economias sustentáveis. Apesar das cotas de imigração britânicas, a população judaica chegou a 90.000 até o final deste período. Os pântanos do Vale do Jezreel e da Planície de Hefer (Vale Hulah) foram drenados e destinados a uso agrícola. Instituições nacionais adicionais surgiram como *Histradrut* (Federação Geral do Trabalho) e a Haganah, o precursor das Forças de Defesa de Israel – IDF.

O aumento do antissemitismo na Polônia e na Hungria causou a chegada de 82.00 judeus entre 1924 e 1929. Entre eles haviam muitas famílias de classe média que se mudaram para as cidades em crescimento, estabelecendo empresas e pequenas indústrias.

A ascensão do nazismo na Alemanha trouxe uma nova onda de 250.000 imigrantes entre 1929 e 1939.

Na chamada quinta *aliyah,* a maioria das pessoas veio da Europa Oriental e contava com profissionais alemães, médicos, advogados e professores. Artistas refugiados introduziram a arquitetura Bauhaus e fundaram a Orquestra Filarmônica Palestina. O novo porto de Haifa e suas refinarias de petróleo adicionaram uma indústria significativa para uma economia que era predominantemente agrícola.

A *Aliyat Hano'ar (Aliyah* de Jovens) resgatou milhares de crianças judias alemãs dos nazistas durante o Terceiro Reich. Organizou sua reinserção no Mandato Britânico da Palestina, em *kibbutzim* e em aldeias de jovens, que se tornaram tanto lar como escola.

A organização foi fundada em 1933 por Recha Freier em Berlim, no mesmo dia em que Adolf Hitler subiu ao poder.

Após a chegada à Palestina, as crianças foram recebidas por Henrietta Szold.

No total, 5.000 adolescentes foram levados para a Palestina antes da Segunda Guerra Mundial e foram educados em escolas internatos da *Aliyah* de Jovens. Outros foram contrabandeados para fora da Europa ocupada nos primeiros anos da guerra, alguns para Palestina, Inglaterra e outros países. Depois da guerra, mais 15.000, a maioria deles sobreviventes do Holocausto, foram levados para a Palestina. Hoje, a *Aliyah* de Jovens é um departamento da Agência Judaica que continua a trazer para Israel jovens do norte da África, Europa Central e Oriental, América Latina, a União Soviética e Etiópia.

As tensões entre árabes e judeus continuaram a piorar, o que eventualmente levou ao conflito árabe-israelense. O Livro Branco de 1939, emitido pelo governo britânico pró-árabe, restringiu severamente a imigração judaica para 75.000 pessoas em cinco anos.

Não houve mais opção do que continuar a imigração de forma ilegal - a *Aliyah Bet*.
Entre 1933 e 1948, a *Ha'apalah* (imigração secundária) foi organizada pela *Mossad Le'aliyah Bet* e pela *Irgun*.
A maioria dos imigrantes veio por mar, mas alguns vieram por terra através do Iraque e da Síria. Entre a Segunda Guerra Mundial e a Independência de Israel, em 1948, a *Aliyah Bet* tornou-se a principal forma de imigração judaica.
Após a Segunda Guerra Mundial, a imigração ilegal se agravou quando muitos sobreviventes do Holocausto se uniram à *Aliyah.*

1948-1950 viu o 'recebimento de exilados' - o *kibbutz galuyot.*
O Comitê Americano de Distribuição Judaica Articulada (The Joint) tinha sido fundado em 1914. Seus fundos, habilidades diplomáticas e organização asseguraram o resgate de judeus em escala massiva. Com o nascimento do Estado de Israel, em 1948, a Agência Judaica para Israel foi designada como a organização responsável pelo *aliyah* na Diáspora.

Logo após a sua criação, em 1948, o estado emergente de Israel encontrou-se com falta de alimentos e de moeda estrangeira. Em apenas três anos e meio, a população judaica de Israel havia dobrado, aumentando em cerca de 700.000 imigrantes. Consequentemente, o governo israelense instigou medidas para controlar e supervisionar a distribuição de recursos necessários para garantir um racionamento igualitário e amplo para todos os cidadãos israelitas. A austeridade teve suas vantagens - ninguém ficou com fome e foi encontrado abrigo para todos os imigrantes.

Entre 1948 e início de 1970, cerca de 900.000 judeus de terras árabes fugiram ou foram expulsos. Toda a comunidade de judeus iemenitas, cerca de 49.000, foi levada a Israel na Operação Tapete Mágico.

As operações Esdras e Neemias trouxeram para casa 114.000 judeus iraquianos.
Após a Revolução Islâmica, mais de 30.000 judeus iranianos imigraram para Israel.

O transporte aéreo massivo, conhecido como Operação Moisés, começou a trazer judeus etíopes para Israel no dia 18 de Novembro de 1985 e terminou no dia 5 de janeiro de 1986. Em seis semanas, entre 6.500 e 8.000 judeus etíopes foram levados do Sudão para Israel. Estima-se que entre 2.000 a 4.000 judeus morreram a caminho do Sudão ou em campos de refugiados sudaneses.
Em 1991, a Operação Salomão foi lançada para trazer os judeus Beta Israel da Etiópia.
Em um dia (24 de maio), 34 aeronaves pousaram em Addis Abeba e trouxeram 14.325 judeus da Etiópia para Israel. Judeus etíopes continuam a imigrar para Israel. Hoje, o seu número está acima de 100.000.

A emigração em massa era politicamente indesejável para o regime soviético; eles temiam uma 'fuga de cérebros' e ficar sem sua intelligentsia. Após a Guerra dos Seis Dias, em 1967, os meios de comunicação controlados pelo Estado começaram campanhas de propaganda antissionistas. Até o final de 1960, a maioria dos judeus soviéticos tinha sido assimilados e não eram religiosos. No entanto, a vitória israelense posterior, sobre os exércitos árabes armados pelos soviéticos, em 1973, despertou sentimentos sionistas.

A imigração judaico-russa em massa começou na década de 1990, quando o governo liberal de Mikhail Gorbachev abriu as fronteiras da URSS e permitiu que os judeus deixassem o país - mais de um milhão de judeus soviéticos imigraram para Israel.

A partir do ano 2000, a instabilidade política e econômica levou a mais de 10.000 judeus argentinos a imigrar para Israel. O Uruguai também foi afetado pela crise e mais de 500 judeus fizeram *aliyah* no mesmo período.
Na Venezuela, um crescimento do antissemitismo violento levou a um número crescente de judeus a fazer *aliyah* durante a primeira década do século XXI. Pela primeira vez na história da Venezuela, os judeus começaram a partir para Israel em centenas. Em novembro de 2010, mais da metade dos 20.000 judeus da forte comunidade judaica da Venezuela havia deixado o país.

A Segunda Intifada em Israel desencadeou muitos incidentes antissemitas na França. Entre 2001 e 2005, 11.148 judeus franceses fizeram *Aliyah*. A imigração da França ainda está em progresso.

Assim como os olim da Europa Ocidental, os norte-americanos tendem a imigrar para Israel mais por finalidades religiosas, ideológicas e políticas. No entanto, a continuação da crise financeira global (iniciada em 2008) trouxe muitos judeus americanos a Israel por razões financeiras. Eles viram que Israel conseguiu resistir à crise financeira melhor do que os Estados Unidos e a maioria dos outros países. Em 2009, 4.000 judeus americanos fizeram aliyah - o maior número em um único ano desde 1983. Agora, cerca de 110.000 imigrantes norte-americanos vivem em Israel e os números continuam a crescer.

A organização *Nefesh B'Nefesh* fornece assistência financeira, serviços de emprego e procedimentos governamentais simplificados para norte-americanos e imigrantes britânicos. Desde meados dos anos 1990, tem havido um fluxo constante de judeus sul-africanos, judeus americanos e judeus franceses que fizeram *aliyah* ou compraram um imóvel em Israel como uma apólice de seguro para o futuro.

A imigração dos judeus *Bnei Menashe* (Filhos de Manassés) da Índia começou no início de 1990 e continua até hoje.

Golda Meir tinha sido confiada, por David Ben-Gurion, para arrecadar fundos para a massa de novos imigrantes. Ninguém virou as costas e todos os esforços foram feitos para encontrar-lhes comida e abrigo. O lema de sua arrecadação de fundos foi que o dinheiro era necessário "não para ganhar uma guerra, mas para manter a vida".

"Às vezes eu costumava ir a Lida [aeroporto]", Golda Meir recordou, *"e ver os aviões de Aden pousar, maravilhada com a resistência e a fé de seus passageiros exaustos".*
"O senhor já viu um avião antes?", perguntei a um velho barbudo.
"Não", ele respondeu.
"Mas o senhor não estava com muito medo de voar?", insisti.
"Não", ele disse de novo, com muita firmeza.
"Está tudo escrito na Bíblia, em Isaías: "Eles subirão com asas de águia"".
"E ali, no campo de pouso, ele recitou a passagem inteira para mim, seu rosto se iluminou com a alegria de uma profecia cumprida e de fim da jornada."

Regularmente, jornais israelenses publicam artigos sobre grupos de olim chegando a Israel.

É sempre uma experiência maravilhosa ver ou ler sobre um grupo de novos imigrantes que chegam no Aeroporto Ben Gurion. Acenando orgulhosos suas carteiras de identidade israelense, eles estão prontos para começar a sua nova vida em Israel.

Alguns olim recebem atenção especial – principalmente os solteiros ou casais de oitenta ou mesmo noventa anos, que finalmente decidiram 'voltar para casa'.

O casal mais velho a fazer aliyah desembarcou em Israel em fevereiro de 2012. Phillip (95) e Dorothy (93) Grossman, de Baltimore, eram parte de um grupo *Nefesh B'nefesh* com mais de 40 novos imigrantes da América do Norte. Os Grossman imediatamente dirigiram-se para a sua nova casa em Jerusalém. O casal norte-americano estava casado há 71 anos. Um dos seus três filhos já vivia em Israel e um segundo planeja se mudar para o país neste verão.

Para um judeu, nunca é tarde demais para voltar para casa!

Em 1951, Moshe Sharett discursou para uma multidão de novos imigrantes em um conjunto habitacional próximo a Rishon le-Zion. Ele deu cinco discursos separados em iídiche, turco, árabe, francês e hebraico.

A pessoa mais velha a fazer *aliyah* é uma mulher de Nova York que se mudou para Israel com 102 anos de idade; outro residente de Baltimore fez *aliyah* com 99 anos de idade.

Em 2008, Ya'akov Manlun, 97, e sua esposa Orah, 88, novos imigrantes da tribo Bnei Menashe da Índia, casaram-se em uma cerimônia acompanhados de muitos convidados em Kiryat Arba. Ya'akov e Orah tiveram de esperar quinze anos para receber permissão para fazer *aliyah*. Eles têm nove filhos (três dos quais também fizeram *aliyah*) e cerca de setenta netos, bisnetos e tataranetos que vivem em Israel e na Índia. O casal está casado há quase setenta anos. Depois de concluir o seu processo de conversão, eles queriam casar novamente de acordo com a Lei de Moisés.

PANORAMA DO *ALIYAH*

Aliyot pré-sionistas (1700 - 1882)

Primeira *Aliyah* (sionista) (1882 - 1903)

Segunda *Aliyah* (1904 - 1923)

Terceira *Aliyah* (1924 - 1929)

Quarta *Aliyah* (1929 - 1939)

Aliyat ha Noar (Youth *Aliyah*) (1933 - presente)

Aliyah Bet (imigração ilegal) (1933 - 1948)

Início da Soberania do Estado (1948 - 1950)

Aliyah de países árabes e muçulmanos (1948 - início dos anos 1970)

Operação Tapete Mágico - iemenitas judeus (1949 - 1950)

Operação Ezra e Neemias - judeus iraquianos (1950 - 1952)

Aliyah judaico-marroquina (1954 - 1955)

Aliyah do Irã (1948 - presente)

Operação Moisés - *Aliyah* Etiópia (1985 - 1986)

Operação Salomão - judeus etíopes (1991)

Aliyah dos estados da União Soviética e pós-soviéticos (1990)

Aliyah da Argentina e do Uruguai (2000 - presente)

Aliyah Venezuela (2010 - presente)

Aliyah francês (2001 - presente)

Aliyah da América do Norte (1983 - presente)

Aliyah Sul-Africano (1990 - presente)

Bnei Menashe *Aliyah* - Índia (1990 - presente)

CAPÍTULO 27

SEFER TORAH

De acordo com a lei judaica, um *Sefer Torah* (plural: *Sifrei Torah*) ou *Torah* é uma cópia do texto hebraico formal dos Cinco Livros de Moisés escritos a mão em *gevil* ou *klaf* (formas de pergaminho *kosher*) usando uma pena, ou outro utensílio de escrita permitido, mergulhada em tinta. Produzir ou encomendar um *Sefer Torah* cumpre um dos 613 *Mitzvot*.
O rolo é usado principalmente no ritual da leitura da *Torah*, durante os serviços na sinagoga. Quando não é utilizado, ele é armazenado na *Aron Kodesh* (Arca Sagrada *), geralmente um gabinete sem cortinas, ornamentado ou uma seção da sinagoga de frente para Jerusalém, a direção que os judeus olham quando oram. Em Jerusalém, a Arca está voltada para o Monte do Templo, que é onde o Templo ficava.

Para funções não rituais, o *Chumash,* as cinco partes - para os cinco livros de Moisés, é usado. Este é um livro impresso e encadernado, muitas vezes acompanhado de comentários ou traduções.
A leitura da *Torah* de um *Sefer Torah* é tradicionalmente reservada para segunda-feira e quinta-feira pela manhã, bem como para o *Shabbat* e os feriados judaicos. É necessária a presença de um *minyan* * para a leitura da *Torah* ser realizada em público durante o decorrer dos cultos.

Quando o rolo é aberto para ser lido, ele é colocado em um pedaço de pano chamado de *mappah**. Enquanto se está cantando a *Torah,* o texto denso é seguido com a ajuda de um *yad* *, um ponteiro de metal ou madeira em forma de mão, que protege os pergaminhos evitando o contato desnecessário da pele com o pergaminho.

Quando o *Sefer Torah* é carregado na sinagoga, os membros da congregação podem tocar o rolo com a borda de seu *talit* e depois beijá-lo como um sinal de respeito.

Algumas comunidades colocam o *Sefer Torah* em um *tik* (caixa ornamental de madeira protegendo o pergaminho) ao invés de usar um manto. Comunidades sefarditas chamam os mantos de 'vestidos'.

Bênção antes de ler a *Torah*

Louvado seja o Senhor, que é [para ser, só ele,] louvado! Louvado seja o Senhor, que é [para ser] glorificado por toda a eternidade. Bendito seja Senhor, nosso Deus, Rei do Universo, que nos escolheu dentre todos os povos e nos deu Sua Torah. Bendito seja, Senhor, doador da Torah.

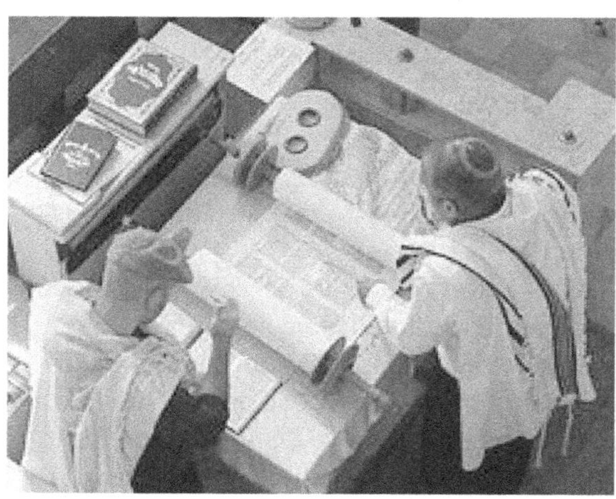

Bênção seguida à leitura da *Torah*

Bendito seja, Senhor, nosso Deus, Rei do Universo, que nos deu a Torah da verdade e implantou a vida eterna dentro de nós. Bendito seja, Senhor, doador da Torah.

Ketav Stam é a escrita tradicional judaica específica com a qual as *Sifrei Torah*, os *tefilin*, os *Mezuzot* e os Cinco rolos são escritos. O homem que os escreve é chamado de *Stam Sofer*. A escrita é feita por meio de uma pena e tinta especial (*Dyo*) sobre um pergaminho especial chamado

Klaf. Hoje em dia, alguns eruditos optam por se tornar *sofers* ou escribas treinados.

Para marcar uma ocasião especial ou comemoração, comunidades ou indivíduos encomendam um *Sefer Torah*, que pode custar milhares de dólares.

Escrito inteiramente em hebraico, um *Sefer Torah* contém 304.805 letras, todas as quais devem ser duplicadas precisamente por um *sofer* treinado. Completar um *Sefer Torah* pode levar aproximadamente um ano e meio. Um erro durante a transcrição pode tornar o rolo *pasul* (inválido). Alguns erros são inevitáveis no decurso da produção. Se o erro envolve uma palavra que não seja o nome de Deus, pode ser apagada da rolagem raspando a(s) letra(s) com um objeto pontiagudo.

Se o nome de Deus é escrito por engano, toda a página deve ser cortada do rolo e uma nova página acrescentada. Escrita de novo desde o início, a página é então costurada no pergaminho para manter a continuidade do documento. A página velha é enterrada em um *genizah**.

A maioria dos *Sifrei Torah* modernos é escrita com quarenta e duas linhas de texto por coluna (iemenitas judeus usam cinquenta). Regras muito estrita sobre a posição e a aparência das letras hebraicas são observadas, mas escribas podem usar diferentes textos hebraicos.

Os livros da *Torah* são:

- Gênesis (*Bereshit* - no início)
- Êxodo (*Shemot* - nomes)
- Levítico (*Vayyikra* - e chamou)
- Números (*Bamidbar* - no deserto)
- Deuteronômio (*Devarim* - palavras, discursos)

A CERIMÔNIA *HACHNASAT SEFER TORAH*

A introdução de um novo *Sefer Torah* em uma sinagoga é feita em uma cerimônia conhecida como *Hachnasat sefer Torah* (lit. inauguração do rolo da *Torah)*. Esta é muitas vezes acompanhada por danças de celebração, canto e uma refeição festiva.

A celebração antiga (aproximadamente no ano 1000 AEC, na era do primeiro Templo) é descrita na Bíblia, onde diz que os sacerdotes, e até mesmo o rei Davi, "dançou diante da arca [da Aliança]" ou "dançou perante o Senhor". Vestindo um éfode de linho, Davi dançou perante o Senhor com toda sua força enquanto ele e Israel todo mencionavam a arca do Senhor com gritos e o som de trombetas (veja 2 Samuel 6:14-15).

A pessoa que comissionou a *Torah* chama convidados especiais para uma celebração. É uma grande honra ter a oportunidade de escrever uma das letras finais. São feitos discursos sobre a importância do estudo da *Torah,* apoiando a *Torah* e a vivência da *Torah.*

A cerimônia *Hachnasat Sefer Torah* é como um casamento, já que a aceitação da *Torah* é vista como análoga a uma união com Deus.
O Monte Sinai foi o dossel, o povo judeu a noiva, o Todo-Poderoso o noivo, e a aliança a *Torah.* O homem honrado para carregar o novo rolo da *Torah* à sinagoga geralmente anda sob uma *chuppah* * muitas vezes feitas de um *tallit* * amarrado em quatro postes.
A multidão de pessoas felizes, incluindo mulheres e crianças, dança e canta a caminho da sinagoga.

Um *Sefer Torah* completo é tratado com grande honra e respeito. É colocado na Arca (*Aron Kodesh* ou *Hekhal**), que por sua vez é normalmente velada por um *Parokhet* bordado (cortina) (ver Êxodo 26:31-34).

O rolo em si é muitas vezes cingido com uma tira de seda (ou *Wimpel* *) e 'vestido' com um pedaço de tecido fino de proteção, o chamado 'Manto da Lei'.

É decorado com um peitoral ornamental, alças (*Ets Hachaim*) e o enfeite principal, a 'Coroa da Lei', que é feito para caber sobre as extremidades superiores dos rolos quando o pergaminho está fechado. Alguns rolos têm duas coroas, uma para cada extremidade superior. A metalurgia é muitas vezes feita de prata batida, às vezes dourada.

Os ornamentos de ouro e prata do pergaminho são conhecidos coletivamente como *Kele kodesh* (vasos sagrados) e lembram um pouco os ornamentos do *Cohen Hagadol* (sumo sacerdote). As alças do rolo, o peitoral e a coroa, muitas vezes têm pequenos sinos que lhes são inerentes.

Um *yad* * também pode ser pendurado no rolo, uma vez que a *Torah* nunca deve ser tocada com o dedo nu.

A ornamentação não constitui uma adoração ao *Sefer Torah*, mas destina-se a distingui-lo como sagrado e santo, como a palavra viva de Deus.

CAPÍTULO 28

CHANUKAT BAYIT
FESTA JUDAICA DE DEDICAÇÃO DA CASA

"E qual é o homem que plantou uma vinha e ainda não a desfrutou, vá, e torne para casa; não suceda que morra na peleja e outro a desfrute." **Deuteronômio 20: 5.**

Este verso comanda a dedicação de um novo lar como uma aprovação oficial do seu novo lugar e propósito. A vida judaica é para ser observada na conduta diária, mas seus dois pontos principais são a sinagoga e a casa. A casa é vista como o lugar onde algumas tradições do templo são continuadas - as velas do *Shabbat* (a *Menorah* do Templo) e a mesa de jantar (o Altar).

Muitos judeus religiosos tentam mudar para uma nova casa em *yom shlishi* (lit. terceiro dia - terça-feira), pois este é o único dia em que Deus disse duas vezes que era bom. Por este motivo, os casais preferem casar na terça-feira.

Os judeus religiosos nunca mudam para uma nova casa no *Shabbat* ou feriados judaicos. Aqueles que são supersticiosos, nunca se deslocam às segundas-feiras nem às quartas-feiras já que, de acordo a *kabbalah*, o atributo Divino da severidade é dominante nestes dias.

Antes de se mudar para uma nova casa, alguns judeus ortodoxos têm o costume de convidar um grupo de crianças para estudar a *Torah* na casa. Eles acreditam que o estudo da *Torah* por jovens de almas puras tem um efeito espiritualmente purificador sobre toda a área.

É crença que trazer livros judaicos (religiosos) e uma caixa de caridade para a casa antes de trazer o resto das caixas, estabelece o sentido judaico da casa. É um símbolo do desejo do proprietário de que a casa seja um refúgio de estudo e bondade.

Muitos judeus religiosos deixam um determinado espaço ou parede livre de decoração e mobiliário, como uma lembrança da destruição do Templo. Algumas casas têm o chamado 'canto de Deus', que é usado exclusivamente para oração e meditação.

Dias da Semana Judaica

Os nomes são modelados sobre os sete dias mencionados na história da criação, no Gênesis: "*... E foi a tarde e a manhã, o primeiro dia*".

Yom Rishon - yom alef – 'primeiro dia' - Domingo (começando antes do pôr do sol).

Yom Sheni - yom bet – 'segundo dia' - Segunda-feira.

Yom Shlishi - yom gimel – 'terceiro dia' - Terça-feira.

Yom Revi'i -yom dalet – 'quarto dia' - Quarta-feira.

Yom Chamishi - yom heh – 'quinto dia' - Quinta-feira.

Yom Shishi - yom wav – 'sexto dia' - Sexta-feira.

Yom Shabat - shabbat – 'dia de Shabbat (dia de descanso)' - Sábado.

Em Israel, tornou-se habitual dedicar uma residência ao se mudar - o *Chanukat Bayit* (dedicação da casa). Neste encontro, palavras da *Torah* são faladas e família e amigos aproveitam a ocasião para expressar as suas bênçãos e desejos para uma estadia proveitosa e feliz nesta nova casa. Há bênçãos e canções; algumas pessoas leem o Salmo 15, que engloba o ideal judaico da conduta humana, e o Salmo 119, onde um único acróstico da palavra '*bracha*' (bênção) é formado.

Muitas pessoas usam pão, sal e velas para inaugurar sua nova casa. O pão representa a esperança de que sempre haverá alimentos suficientes, as velas são um símbolo de luz e alegria e o sal é um lembrete dos sacrifícios no Templo e das lágrimas derramadas.

Os convidados reunidos são recebidos com uma bênção de boas-vindas:

"*Nós abençoamos todos os que vêm em nome de Deus com amor e paz para santificar este lugar, que este lugar seja a nossa casa.*"

O anfitrião, em seguida, recita o *shehecheyanu* (recitado em muitas ocasiões festivas):

"*Bendito és Tu, Senhor, nosso Deus, Rei do Universo, que nos concedeu a vida, nos sustentou e nos permitiu chegar a esta ocasião.*"

Durante as boas vindas, tornou-se costume também comer uma nova fruta, por conseguinte, a bênção *shehecheyanu* aplicasse tanto à nova casa quanto à nova fruta.

Se o tempo permitir, todos se reúnem em frente à porta e, silenciosamente, meditam sobre as bênçãos que eles desejam para o lar.

"*Hineh ma tov u'manayim, shevet achim gam Yachad*" (veja como é bom que os irmãos vivam juntos) é a canção favorita para uma festa de inauguração.

Uma parte importante da cerimônia *Chanukat Bayit* é a afixação da *mezuzah* * na porta da frente da casa e em outras portas (com exceção dos banheiros e lavabos). A *mezuzah* é um dos muitos símbolos do judaísmo que agem como um identificador, um lembrete constante da nossa obrigação com Deus, assim como uma afirmação da unidade de Deus.

Uma *mezuzah* pode ser feita de madeira, metal, pedra ou cerâmica. O pergaminho dentro da *mezuzah* é inscrito com as palavras de Deuteronômio 6: 4-9 e 11:13-21. A palavra '*Shaddai*' ou a letra hebraica '*shin*' são frequentemente exibidas na parte da frente da *mezuzah. Shaddai* (Todo Poderoso) é um dos nomes de Deus e uma abreviatura de 'guardião das portas de Israel'.

"*Guardian of the doors of Israel*"

Historicamente, a *mezuzah* se remonta à época em que os judeus eram escravos no Egito - todas as casas egípcias tinham um documento sagrado na sua entrada. *Mezuzah* significa literalmente 'batente'; portanto, ela é colocada nas batentes das casas judaicas conforme as instruções em Deuteronômio 6: 9 e 11:20:
"E as escreverás nos umbrais de tua casa e nas tuas portas".

Originalmente, uma versão abreviada da oração diária conhecida como *Shema* era esculpida na ombreira da porta de uma casa judaica. Esta prática evoluiu para um pedaço de pergaminho com as vinte e duas linhas do *Shema* escritas sobre ele e amarrado ao batente.
O *Shema* reforça a Unicidade de Deus.
Mais tarde, uma cana oca foi usada para proteger o pergaminho e esta evoluiu para um recipiente semelhante aos que vemos nos dias de hoje.

Algumas pessoas acreditam que a *mezuzah* serve como um amuleto, para proteger a casa e para trazer boa sorte. A fim de acentuar o mecanismo de 'proteção' da *mezuzah*, alguns judeus ultraortodoxos adicionam símbolos e inscrições cabalísticos às citações do pergaminho. *'Shaddai',* que aparece na parte de trás do pergaminho, é um exemplo de que este costume permanece.

A maioria, no entanto, vê a mezuzah como um lembrete para não pecar e seguir os mandamentos de Deus. É considerado um dever religioso ter uma *mezuzah* exibida na ombreira da porta da frente de uma casa judaica. É um *mitzvah* (mandamento), um ato justo, fazer (ou doar) uma *mezuzah* para a casa de outra pessoa.

Após fixar a *mezuzah*, o anfitrião recita:
"Bendito és Tu Gracioso, nosso Deus, soberano de todo o mundo, que nos faz santos com seus mitzvot e nos ordena a por a mezuzah. Bendito és Tu Eterno, nosso Deus, que nos dá vida e nos mantém fortes e trouxe-nos a este tempo."

Os convidados são agora convidados a entrarem na casa para a bênção do pão:
"Bendito seja Aquele que nos sustenta com o pão."

Todo mundo agora introduz um pedaço de pão em vários condimentos simbólicos: sal (simbolizando uma vida de santidade), óleo (sustento) ou mel (doçura).

Depois da bênção de ação de graças, *"à medida que abençoamos a Fonte da Vida, então somos abençoados"*, os hóspedes são convidados a partilhar as suas bênçãos pessoais para a nova casa.

Uma Oração

Através deste umbral, que estas coisas nunca entrem: raiva e ansiedade, ódio e fome, insultos e injurias.
Que esta mezuzah, que beijamos entrando e saindo, lembre a todos os que entram de trazer com consigo só amor e risos, louvor e oração, bondade e conforto.
Deixe as portas de esta casa serem abertas, para que todos os que entrem possam encontrar abrigo e amor.

CAPÍTULO 29

DO *SHIDDUCH* ATÉ O *CHUPPAH*
DO ENCONTRO ATÉ O CASAMENTO

Encontros nos tempos bíblicos

O primeiro *shidduch**, registrado na *Torah*, foi o encontro que Eliezer, o servo do patriarca Abraão, fez para o filho de seu mestre Isaque (Gênesis 24). Eliezer recebeu instruções específicas para escolher uma mulher entre os próprios parentes de Abraão. Ao longo da história judaica, os casamentos arranjados foram o método habitual e preferido para casar os jovens. A profissão de casamenteiro (*shadchan)* foi estabelecida no início da Idade Média. Foi estipulada uma taxa de 2% do valor do dote. Usualmente, o *shadchan* era um estudioso da *Torah* que conhecia a maioria das famílias. Especialmente em países muçulmanos, as *shadchan* eram mulheres. A etimologia das palavras *shidduch* e *shadchan* é incerta. Acredita-se que sejam derivadas da

palavra aramaica para 'calma'. O principal objetivo do processo de *shidduch* é que os jovens 'sosseguem' em casamento. Em hebraico moderno, um grampeador é também chamado de *shadchan.*

Os Encontros Hoje

O *shidduch* é um sistema de encontros em que judeus solteiros são apresentados uns aos outros em comunidades judias ortodoxas para fins de casamento. Na Lei judaica, *shidduch* também se refere ao que comumente é chamado de compromisso, ou seja, um acordo para se casar. O *shidduch* está em conformidade com a visão judaica tradicional da *tzeniut **, comportamento modesto nas relações entre homens e mulheres e impedimento da promiscuidade.

Os judeus ortodoxos só estão autorizados a ter encontros com o fim de encontrar um parceiro de casamento. Ambos os lados, geralmente os próprios solteiros, os pais, parentes próximos ou amigos das pessoas envolvidas, fazem perguntas sobre o potencial parceiro; por exemplo, perguntas sobre seu caráter, inteligência, nível de aprendizagem, situação financeira, família, estado de saúde, aparência e nível de prática religiosa.

O *shidduch* muitas vezes começa com uma recomendação de familiares, amigos ou outras pessoas que veem a promoção de encontros como um *mitzvah**. O *shadchan** profissional (casamenteiro) cobra uma taxa por seus serviços. Rabinos, que conhecem bem sua congregação, muitas vezes atuam como casamenteiros. No entanto, qualquer um que faz um *shidduch* é considerado um casamenteiro. Especialmente em pequenas comunidades judaicas, onde as possibilidades de encontrar potenciais parceiros são limitadas, o *shadchan* dá acesso a um espectro mais amplo de possíveis candidatos.

Após o encontro ser proposto, os potenciais parceiros se encontram uma série de vezes para descobrir se eles são certos o um para o outro. O número de encontros anteriores ao anúncio do noivado pode variar dependendo da comunidade. Em algumas, o namoro continua vários meses. Nas comunidades mais rigorosas, o casal pode decidir poucos dias depois do encontro inicial. Entre os chassídicos, dezoito anos é a idade em que o *shadchanim* toma conhecimento e inicia o *shidduchim.* Em outras comunidades isso pode acontecer com mais idade.

A pedido do casal, o *shadchan* fala com ambos os lados nos estágios iniciais do namoro para resolver certas questões. Espera-se que o casal mantenha o *shadchan* atualizado sobre como o *shidduch* está indo.

Quando o encontro não funciona, o shadchan é contatado e pede para dizer ao outro lado que não vai prosseguir. Já no caso de funcionar, é claro que o casal informa o casamenteiro do seu sucesso.

Bashow

O casal pode ter um encontro por sua conta (sempre em um lugar público, nunca sozinho) ou, em comunidades mais rigorosas, eles participam de um *bashow* * (na presença dos pais). O jovem e seus pais visitam a jovem em sua casa para ver se o casal é compatível.
Os pais do futuro noivo e da noiva falam entre si e então, quando o ambiente fica mais descontraído, eles vão para outra sala.
Os jovens são deixados na sala de estar para conversarem. Alguns usam esta oportunidade para fazer perguntas realmente pertinentes

um ao outro, enquanto outros só querem ver se eles se gostam, confiando mais nas informações que receberam do *shadchan* ou de outras pessoas. O número de *bashows* antes de anunciar um noivado varia. Alguns têm muitos *bashows* enquanto outros têm apenas um, o que é típico entre os filhos de rabinos Chassídicos.

Bashert

Bashert * (Yiddish- destino) é muitas vezes utilizado no contexto de um cônjuge ou alma gêmea divinamente preordenada – '*basherte*'(feminino) ou *basherter*' (masculino). Algumas pessoas usam a palavra para a sorte ou o destino de um evento, uma amizade ou um acontecimento importante.
Os judeus solteiros modernos muitas vezes dizem que estão procurando seu *bashert* - a pessoa que irá complementá-los perfeitamente e a quem irão complementar perfeitamente. Uma vez que é considerado que a pessoa com quem vão tem sido predestinada por Deus, o cônjuge é considerado um *bashert* por definição, independente da vida conjugal do casal funcionar bem ou não.

Considerando a prevalência de uma série de doenças genéticas em ambas as comunidades, Ashkenazi e Sefarditas, várias organizações agora analisam rotineiramente e em forma anônima grandes grupos de jovens. Quando um *shidduch* é sugerido, os candidatos telefonam para a organização, entram os seus PINs- numero de identificação pessoal para saber se sua união pode resultar em crianças com alguma deficiência crítica. Graças a estas organizações, tem havido uma diminuição acentuada do número de crianças nascidas com a doença de Tay-Sachs, entre outros distúrbios genéticos.

UM CASAMENTO JUDAICO

"Pois como o jovem se casa com a donzela, assim teus filhos casarão contigo; e como o noivo se alegra da noiva, assim se alegrará de ti o teu Deus." Isaías 62:5

Um casamento judaico nos Tempos Antigos

Nos tempos bíblicos, o casamento era mais uma questão de negócios do que de prazer. Através de um contrato negociado, duas casas se uniam, trocavam bens e serviços durante um período de tempo. O pai da família era responsável pela escolha de quem era elegível para se casar.

Era geralmente um amigo do noivo ou um servidor de confiança quem começava as negociações com o pai da noiva ou outro representante. O contrato de casamento só era estabelecido após uma série de negociações. O mohar (preço da noiva) e o zebed (dote) tinham de ser acordados. O preço da noiva tinha que compensar a família da noiva pela perda do trabalho da mulher, enquanto que o dote era o capital que a família da noiva investia na família de seu futuro marido. A parte da herança paterna da noiva era transferida aos filhos que ela e seu esposo esperavam ter. Parte do dote poderia vir sob a forma de um colar de moedas que era afixado ao véu da mulher.
Os homens geralmente se casavam aos vinte anos de idade; já as meninas, geralmente casavam com quinze anos, às vezes até mais jovens.

Durante a cerimônia de noivado, a noiva levantava uma taça de vinho na mão direita (a mão direita era um lugar de poder). Ao beber do cálice, ela selava o compromisso.
Um contrato de casamento, elaborado por escrito, afirmava que o *chatan** (lit. um iluminado que entra em uma aliança, o noivo) iria prover à sua noiva o que fosse necessário e cuidaria dela em todos os aspectos. Assinado perante duas testemunhas, o contrato era então dado ao pai da noiva.
O casal agora bebia do chamado 'copo compartilhado', o cálice da *Brit* (Aliança).
Com o noivado garantido, ou seja, selado, os dois estavam agora oficialmente casados.
O noivado (engajamento) era um acordo privado, em que o pai da noiva dizia:
"Você deve agora ser meu filho na lei,"
(ver 1 Samuel 18:21).
O noivo, em seguida, trazia presentes para a noiva e sua família.
O contrato era tão vinculante que não poderia ser quebrado sem um divórcio oficial. O casal era considerado unido desde o momento em que entrava no contrato matrimonial até o dia

do casamento. Mesmo sendo agora oficialmente 'casados' eles ainda não podiam viver juntos ou ter relações sexuais. Deste dia em diante, a menina tinha que usar um véu fora de casa, mesmo para encontrar o seu noivo.

Antes de partir para a casa de seu pai, o noivo muitas vezes fazia uma promessa, afirmando que ele voltaria para sua noiva. Normalmente, era necessário um ano antes do casamento acontecer.

Durante este tempo, o noivo construía a câmara nupcial e a noiva preparava seu enxoval de casamento. Ela não sabia o momento exato em que seu noivo viria. Somente quando o pai do noivo decidisse que o aposento de casamento estava pronto, ele iria permitir que seu filho buscasse sua noiva.
Os casamentos geralmente tinham lugar na primavera, antes da colheita de grãos, quando acaba a estação da chuva, ou no outono, após a colheita de frutas. Às vezes, um noivo e seus amigos iam ao meio da noite para buscar a noiva. Para que soubessem que eles estavam indo (de modo que a noiva estivesse pronta), eles tocavam o *shofar* *.

Uma noiva hebraica é chamada de *kallah** (que significa 'completa' ou 'fechada'). Antes do casamento, ela se submetia a uma imersão ritual (*mikvah / mikveh* *) para simbolizar seu desvio de todas as coisas passadas e o começo de uma nova vida com o marido. Suas 'acompanhantes' trançavam seu cabelo e ajudavam a colocar um vestido de uma cor viva. Em seguida, ela era adornada com todas as joias que ela possuía.

Seu véu tinha um cocar ornamental, sugerindo a aparência de uma rainha, enquanto o noivo também usava um diadema sobre a sua cabeça. Às vezes, a noiva e o noivo eram carregados em uma maca, como um rei e uma rainha.

Durante a procissão nupcial, a noiva usava um véu. Ela permaneceria assim até o casamento ser consumado na primeira noite.

Outro costume era que o noivo removesse o véu, colocasse sobre o seu ombro e declarasse: *"O governo está sobre os seus ombros".*

Isto indicava que a noiva tinha passado da autoridade de seu pai para a do marido.

Iluminados por portadores de tochas e acompanhados por pandeiros e músicos, a procissão continuava para a casa do noivo.

Sábias companheiras da noiva garantiam que eles tivessem óleo suficiente em suas lâmpadas para acompanhar a sua amiga à festa de casamento.

A festa de casamento começava com a chegada do casal na casa do noivo. A aliança de casamento era ratificada quando ele abria o seu manto sobre a noiva e chamava-a de *isha* (esposa). O casal era abençoado com:
"Irmã nossa, sê tu a mãe de milhares de miríades e possua a tua descendência a porta de seus aborrecedores!" Gênesis 24:60

As famílias ricas davam roupas de casamento para os convidados. A festa de casamento era um momento de alegria, música, dança, canto e charadas. O vinho fluía e havia abundância de alimentos.

Sob os olhos dos convidados, o casal retirava-se para a câmara nupcial para consumar o casamento. Tornar-se *echad* (uma só carne) também é chamado de *kiddushim / kiddushin* (santificação ou ratificação). O nome antigo é *yichud* * ('o conhecimento').

A família da noiva mostrava aos convidados os lençóis da cama manchados de sangue, que agora eram testemunhas de que o casamento havia sido consumado. Essa prova da virgindade da noiva era também a sua apólice de seguro. Em caso de dúvida, seus sogros podiam se recusar a pagar o preço da noiva.

Um casamento só se tornava legal quando tanto o dote quanto o preço da noiva eram pagos, durante os sete dias de festas do casamento. A transferência tinha de ser oficialmente testemunhada pelos anciãos da vila ou cidade e por outros convidados do casamento.

A câmara nupcial, na qual o casal consumava seu casamento, começou a ser chamada de *chuppah* * nos tempos talmúdicos. O casal legalmente casado em primeiro lugar passava uma hora juntos em um quarto normal, depois a noiva entrava na chuppah. Só depois de ganhar a permissão dela, o noivo também entrava. Joel 2:16 e Salmo 19:5 fala sobre a "câmara nupcial" e um "pavilhão".

Nos tempos talmúdicos, domingo e quarta-feira eram dias de casamento adequados porque o tribunal se reunia nas segundas-feiras e nas quintas-feiras. Dessa forma, qualquer disputa sobre a virgindade da noiva poderia ser apresentada imediatamente após a noite de núpcias.

Algumas comunidades preferiam ter casamentos em um *Rosh Chodesh* * (a menos que coincidisse com o Shabbat ou outros dias de proibição). A lua crescente era considerada um símbolo de crescimento e fertilidade. Como viajar, trabalhar e fazer um novo acordo era proibido no *Shabbat*, casamentos não poderiam ocorrer no sábado.

O *Shabbat* foi sempre um dia de alegria e cada oportunidade de alegria e celebração era para ser observada individualmente e não combinada. Dois membros da mesma família nem sequer pensariam em casar no mesmo dia.

Um Casamento Judaico na Atualidade

Nos tempos modernos, *yom shlishi*, o terceiro dia da semana (terça-feira), continua a ser o dia favorito para casamentos porque em Gênesis 1: 10-12 diz duas vezes, "*... E Deus viu que isso era bom*".

Os dois eventos, de noivado e casamento, tornaram-se uma única cerimônia durante a Idade Média, em torno do século XVI.
Hoje em dia, um casamento judaico tem duas fases distintas ou *kiddushim* (santificação ou dedicação), que são erusin (noivado) e *nissuin* (casamento).
Embora nos tempos antigos pudesse haver um ano entre estes dois eventos, atualmente eles são muitas vezes combinados em uma única cerimônia.
Costumes e tradições de casamento podem variar entre os judeus Sefarditas e Ashkenazis, bem como entre aqueles de diferentes níveis de observância religiosa.
Neste capítulo, descrevemos os costumes de um casamento religioso Ashkenazi.
O *chatan* * (noivo) e a *kallah* * (noiva) são comparados a um Rei e uma Rainha e, portanto, devem ser tratados com grande honra e fanfarra antes, durante e na semana seguinte a sua união (casamento).

Um costume recente é o *Shabbat Kallah* que acontece no Shabbat antes do casamento. As amigas celebram a noiva, trazem-lhe alegria, fazem-na rir e a ajudam a superar possíveis temores de última hora.

O *mikvah / mikveh* * (banho ritual) é uma parte essencial das leis judaicas de pureza familiar. Durante o período de noivado, é habitual que o casal estude essas leis com um professor. A fim de purificar-se espiritualmente, uma noiva mergulha na *mikveh* durante os últimos quatro dias anteriores ao casamento.

Normalmente, o noivo também faz uma visita ao banho ritual pela mesma razão.
A noiva e o noivo não estão autorizados a se ver na semana anterior ao casamento. A comunidade acredita que isso aumentará a alegria do reencontro no dia do casamento.

Um *shomer/shomeret* * (lit. guarda) tem o papel de padrinho/madrinha. Eles agem como intermediários do casal durante a semana que eles não podem se ver. No dia do casamento, eles se certificam de que a noiva e o noivo cheguem ao casamento em segurança e sem estresse.

Como o casal está prestes a começar uma nova vida juntos, o dia do casamento é considerado um *Yom Kippur* pessoal para a noiva e o noivo. Judeus praticantes até adicionam o confessionário *Yom Kippur* às suas orações privadas da tarde. Esta é também a razão pela qual muitos casais se abstêm de comer e beber no dia do casamento, a menos que se sintam fracos ou tenham alguma doença.

Tena'im * são documentos de noivado semelhantes a um contrato de noivado, acordado e assinado por dois representantes - um do noivo e um da noiva. Como a quebra de um compromisso é considerada uma grave violação da honra, a maioria dos casais assinam os *Tena'im* pouco antes do casamento.

Kabbalat Panim * (lit. Saudação de Rostos) é a recepção de abertura do casamento. Durante o *Kabbalat Panim* a noiva e o noivo realmente se tornam como um rei e uma rainha. Sentada em uma cadeira parecida com um trono e rodeada pelas mulheres da sua família, a noiva saúda as convidadas mulheres. Em seu papel de Rainha por um dia, muitas vezes ela abençoa suas amigas.

Pessoas do sexo masculino cumprimentam o noivo em seu *Tisch* (Yiddish - mesa). Eles às vezes compartilham um *l'Chaim* (brinde) em sua honra.

Durante esta recepção, os *tena'im* são concluídos e assinados por duas testemunhas. Depois de ler o *tena'im* em voz alta, a cerimônia de 'quebra do prato' acontece. Pisoteando um prato de cerâmica, juntas, as mães da noiva e do noivo simbolizam a seriedade do compromisso entre as suas famílias. Assim como a quebra do prato, o compromisso também é um ato definitivo.

Agora legalmente noivos, o casal pode ser contratualmente casado. Duas testemunhas assinam a *ketubah* esclarecendo as obrigações do marido com a sua esposa, desde sustentá-la cobrindo as necessidades básicas até honrá-la e amá-la. O documento também descreve como o marido deve apoiar a sua esposa durante a sua vida conjugal e, Deus me livre, em caso de morte ou divórcio. Este acordo juridicamente vinculativo é escrito frequentemente como um manuscrito esclarecedor. Muitas pessoas o tem emoldurado e pendurado nas suas casas.

De acordo com a lei judaica ortodoxa, uma *ketubah* é considerada vinculativa uma vez que tenha sido assinada por duas testemunhas. As assinaturas da noiva, noivo e oficial do casamento são uma adição moderna na *ketubah* e não são necessários para torná-la vinculativa. Isto porque, nos tempos antigos, o noivo iria ler o documento aramaico em voz alta e dois homens adultos - não relacionados com a noiva ou o noivo - iriam assinar o documento, atestando o acordo verbal do noivo ao contrato *ketubah*.

Mesmo com o contrato assinado, o casal só é considerado oficialmente casado após a cerimônia na *chuppah.*

O costume da noiva usar um véu vem da matriarca bíblica Rebecca, que colocou um véu ao ver seu futuro marido, Isaque (Gênesis 24:65). O *bedecken* ('cobertura' em Yiddish) é o ato do noivo de colocar o véu na noiva. Com grande alarde, dançando e cantando, os convidados escoltam o noivo até a noiva. Ele olha com cuidado a sua noiva para confirmar que esta é sua pretendida e que ele não vai ser enganado como foi Jacó quando Lea foi substituída por Raquel (Gênesis 29:23). O noivo, em seguida, abaixa o véu sobre o rosto da noiva. O pai da noiva, em seguida, dá uma bênção especial para a sua filha.

Cercado por seus entusiastas amigos, o noivo é escoltado para fora da sala para se preparar para a *chuppah.*

Nos tempos antigos, a *chuppah* era uma câmara nupcial ou um pavilhão. Com o tempo, ele perdeu o seu significado original e foi substituído por outros costumes. A cerimônia de casamento era realizada sob um dossel, que foi chamado de *chuppah*. A entrada da noiva sob o dossel (que se assemelhava a um quarto) era visto como um símbolo da consumação do casamento.

Hoje, a *chuppah* (lit. 'cobertura') é uma tenda na qual a noiva e o noivo estão durante a sua cerimônia de casamento. É constituída por um pano ou lençol (às vezes *talit*) esticado ou apoiado em quatro postes. Às vezes, os amigos do noivo seguram os postes. A *chuppah* simboliza a casa que o casal vai construir junto. Esta 'casa', inicialmente sem móveis, serve como um lembrete de que a base de um lar judaico é o povo dentro dela e não as posses. Em um sentido espiritual, a cobertura da chuppah representa a presença de Deus sobre a aliança de casamento. A falta de paredes incentiva o casal a seguir os caminhos de Abraão e Sarah, cuja tenda estava sempre aberta para os hóspedes. O noivo entra na chuppah primeiro para representar a posse da casa em nome do casal.

Quando a noiva, em seguida, entra na *chuppah*, é como se o noivo lhe proporcionasse abrigo ou roupas - ele demonstra publicamente as suas novas responsabilidades com ela.

Em muitas comunidades, o noivo é conduzido sob a chuppah pelos dois pais e a noiva pelas duas mães, conhecidos como *unterfirers,* acompanhantes que escortam pessoas a entrarem na tenda *chuppah*.

O noivo é bem-vindo com a canção *'Baruch Ha Ba!'* (Bendito o que vem). Um noivo Ashkenazi, muitas vezes, usa uma túnica branca simples, conhecida como *kittel* *. O fato de ambos estarem vestidos de branco é um símbolo de pureza e cria a imagem de anjos.

Entrando por último, a noiva encontra seu noivo e caminha ao redor do seu futuro marido três ou sete vezes. Isto pode derivar de Jeremias 31:22: *"uma mulher protege a um varão".*

Os três circuitos podem representar as três virtudes do casamento: integridade, justiça e bondade (ver Oséias 2:21). Sete é o número da perfeição ou integridade. Ele também simboliza os sete dias da criação e o fato de que o casal está prestes a criar o seu próprio 'novo mundo' junto. Sete vezes está escrito na *Torah, "... e quando um homem tomar uma mulher".* Josué circulou a cidade de Jericó sete vezes. Quando duas pessoas entram em um casamento, pode haver 'muros' entre eles que têm de cair.

Após circular sete vezes ao redor do noivo, a noiva fica em pé à sua direita, sob a *chuppah*. A cerimônia de casamento começa com uma *kiddush* * (bênção do vinho). O rabino recita uma bênção sobre um cálice de vinho e uma segunda bênção de santificação sobre o casamento. A noiva e o noivo, em seguida, bebem do cálice.

Colocando um anel de ouro maciço no dedo indicador direito da noiva (o dedo mais visível para as testemunhas) o noivo declara: *"Eis que é consagrada a mim com este anel de acordo com as leis de Moisés e Israel".*

O anel valida o contrato de casamento e o consagra. Os anéis de casamento judaicos devem ser feitos de ouro, prata ou platina sólidos, sem pedras preciosas ou buracos quebrando o círculo. A continuidade do anel representa a esperança de um casamento eterno.

Às vezes, a noiva também apresenta um anel para o noivo citando o Cântico dos Cânticos: *"Ani l'dodi, ve dodi li"* (eu sou do meu amado e meu amado é meu), que também pode ser inscrito no próprio anel. A fim de evitar conflitos com a lei judaica, este anel é apresentado muitas vezes fora da chuppah.

As duas bênções (sobre o vinho e o casamento) e a entrega do anel completam a cerimônia de noivado.

Para fazer uma distinção entre o noivado e a cerimônia de casamento, a *ketubah* é lida em voz alta e logo após o noivo entrega o documento para a noiva. Agora, oficialmente marido e mulher, começa a segunda metade da cerimônia com um costume chamado *nissuin* (edificante).

Um segundo copo de vinho é servido enquanto as *Sheva Brachot* * (sete bênçãos) são recitadas. Essas bênçãos especiais são recitadas sob a chuppah e ao final da refeição festiva que segue a cerimônia. É uma grande honra ser chamado para recitar uma das sete bênçãos.

- ◆ A primeira bênção, recitada em cima de um copo de vinho, é um sinal de regozijo.
- ◆ A segunda bênção agradece a Deus por criar o mundo e honra os convidados do casamento.
- ◆ A terceira e quarta bênção reconhecem a criação física e espiritual da humanidade por Deus.
- ◆ A quinta bênção é uma oração para a restauração de Jerusalém e a reconstrução do Templo Sagrado.
- ◆ A sexta bênção expressa a esperança de que o amor da noiva e do noivo cresça.
- ◆ A sétima bênção é uma oração que diz que o tempo do Messias virá para redimir o povo judeu do exílio, para que assim a paz e a tranquilidade reinem sobre o mundo.

A noiva e o noivo agora bebem do segundo cálice de vinho. Logo depois o noivo pisoteia um copo. Todos os convidados em seguida gritam "*Mazal Tov!*" (Parabéns e boa sorte!).

Alguns veem a quebra do copo como um lembrete simbólico da destruição do templo de Jerusalém; outros o interpretam como um símbolo da fragilidade de um relacionamento. Durante esta parte da cerimônia é muitas vezes recitado ou cantado: *"Se eu me esquecer de ti, ó Jerusalém..."* Salmo 137: 5.

A noiva e o noivo, agora marido e mulher, são escoltados até uma sala privada onde passam de 10 a 20 minutos em companhia um do outro. Eles não devem ser perturbados no quarto do *yichud** (união, reclusão).

Quando eles retornam, é hora de jantar com música e dança.

Nos casamentos judaicos ortodoxos é considerado uma *mitzvah* (boa ação) entreter a noiva e o noivo. Amigos do noivo fazem acrobacias ou vestem roupas engraçadas para entreter o casal. Isso é chamado de *Simchat Chatan ve'Kallah.* Durante este ato de 'alegrar o noivo e a noiva', os convidados dançam ao seu redor, muitas vezes usando um '*shtick*' - itens tolos como sinais, bandeiras, fantasias, confetes e cordas de pular feitas de guardanapos.

Em quartos separados (ou em um salão dividido por uma cortina) os homens e mulheres convidados ao casamento desfrutam da 'Dança Simcha'. Enquanto cantam '*Hava Nagillah*', os convidados dançam a Horah, uma conhecida dança judaica em círculo. O ponto alto do casamento é quando os membros da família e rabinos homenageados são convidados para o *Mitzvah tantz (*ver página seguinte).

A *Birkat Hamazon* (Graça após as Refeições, *benshen* em Yiddish) é recitada no final da refeição festiva para agradecer a Deus pelo alimento e sustento que foi apreciado. Uma segunda recitação da *Sheva Brachot* (Sete Bênçãos) repete as bênçãos que foram ditas sob a chuppah.

A *Birkat Hamazon* formal tem dois copos de vinho. O primeiro copo é segurado por aquele que conduz as orações. O segundo copo é passado entre aqueles que foram honrados para recitar seis das sete bênçãos. A última bênção é sobre o vinho.

Em seguida, os dois copos de vinho são servidos juntos em um terceiro copo, simbolizando a criação de uma nova vida juntos, e são bebidos pela noiva e noivo.

MITZVAH TANZ

Antes deste evento especial, a noiva e algumas mulheres, geralmente parentes e *rebbetzins* (esposas dos rabinos) importantes, são apresentadas à seção dos homens. Às vezes, o *mechitza* é removido completamente e as mulheres encaram os homens sentados no outro lado da sala. Esta dança de casamento é diferente de qualquer outra dança.

A noiva (muitas vezes velada) permanece como uma visão branca luminosa entre os convidados do casamento do sexo masculino. Ela segura uma extremidade de um *gartel**, enquanto a outra extremidade é segurada pela pessoa designada para dançar com ela.

A ordem dos dançarinos é significativa: os tios e irmãos, o sogro, que abre caminho para a dança com seu pai, que então dá a prioridade final para o noivo - a outra metade da sua alma.

O *Mitzvah Tanz* é uma dança da *Shekinah* e do Povo Judeu. Os convidados do casamento gostam de assistir esta dança porque suas próprias almas estão dançando. Juntos como um, eles experimentam a profunda gratidão da noiva e do noivo voltando para casa.

O *Mitzvah Tantz* é como uma resposta que fala sem palavras. Ela se move sem dificuldade. Ela sobe com o toque suave dos pés. Ela fala do voo das almas, o pássaro crescente e, em seguida, voando baixo, a terra e os céus. É uma dança de um e não de dois - uma dança do Um.

Na semana seguinte ao casamento, é habitual que os amigos e parentes organizem refeições festivas em honra do novo casal. Isso é chamado de semana de *Sheva Brachot*, porque as sete bênçãos são repetidas após a 'Oração após as Refeições' em cada uma dessas refeições festivas.

No Shabbat depois do casamento, é habitual que o noivo seja convidado para uma *Aufruf ** para recitar uma bênção sobre a *Torah*. Enquanto a congregação canta 'Siman tov u'mazal tov' o noivo é bombardeado com doces - uma maneira divertida de desejar-lhe uma doce vida nova.

Este costume é baseado em uma fonte talmúdica que registra que o rei Salomão construiu um portão especial para que os noivos passem por ele no Shabbat para serem saudados e abençoados pela família e amigos. Após a destruição do Segundo Templo, o costume foi movido para a sinagoga.

É habitual que os convidados ao casamento levem um envelope com dinheiro para ajudar a pagar as despesas do jantar e o aluguel do salão de festas. Infelizmente, o barulho da banda é muitas vezes alto demais para permitir uma conversa com os outros convidados da mesa. No entanto, ser convidado para um casamento religioso é uma experiência inesquecível.

CAPÍTULO 30

ANIVERSÁRIO

A única referência bíblica a um aniversário foi a do Faraó (Gênesis 40:20).

A *Mishnah* se refere apenas a festas de aniversário dos governantes pagãos, mas é omissa quanto a festas de aniversário entre os judeus. Nos tempos antigos, os judeus viam um aniversário como um lembrete sombrio de que a vida estava chegando mais perto de seu fim; era um dia de reflexão e arrependimento solene em vez de um dia de festa.

De acordo com os sábios judeus, no aniversário de uma pessoa seu *'mazal'* é dominante. O *Talmud* explica que o milagre de *Purim* é em grande parte creditado ao fato de que o aniversário de Moisés ocorreu durante o mês de *Adar! Rosh Hashanah* é visto como o aniversário de Adam, enquanto Pessach é o aniversário coletivo da nação judaica (ver Ezequiel 16).

Hoje, um aniversário judaico é um dia para expressar gratidão a Deus por ter sido trazido a este mundo. A pessoa tem uma missão: iluminar com o brilho da *Torah e das Mitzvot*. Sendo comparado a um *Rosh Hashanah* pessoal, é esperado que se use a experiência de vida adquirida para fazer o ano seguinte ainda mais produtivo e frutífero.

Muitos israelenses comemoram seus aniversários, apesar desta prática ter sido copiada de não judeus. Um bolo de aniversário tem sempre uma vela extra - para o novo ano. Uma bênção de aniversário comum é: *"Que viva até os 120"* - a idade em que Moisés morreu (veja Deuteronômio 34: 7).

Salmos 90:10 sugere que é bom que aquele que atingiu a idade de 70 ou 80 anos dê especial graças a Deus por tê-lo poupado.

De acordo com a Ética dos Pais 5.21:
"A idade de 5 anos para o estudo da Bíblia; em seguida, 10 para o estudo da *Mishnah;*
13 para os mandamentos;
15 para o estudo do *Talmud;*
18 para o casamento;
20 para ganhar a vida;
30 para o poder;
40 para a compreensão;
50 para dar conselhos;
60 para a velhice;
70 para os cabelos brancos;
80 para a força especial;
90 para se inclinar;
100 - é como se ele tivesse morrido ".

BRIT MILÁ - CIRCUNCISÃO

"Este é o meu pacto, que guardareis entre mim e vós, e a tua descendência depois de ti: todo varão entre vós, deverá ser circuncidado na carne. Circuncidar-vos-eis na carne do prepúcio; e isto será por sinal de pacto entre mim e vós. À idade de oito dias, todo varão dentre vós será circuncidado, por todas as vossas gerações, tanto o nascido em casa como o comprado por dinheiro a qualquer estrangeiro, que não for da tua linhagem. Com efeito, será circuncidado o nascido em tua casa e o comprado por teu dinheiro; assim estará o meu pacto na vossa carne como pacto perpétuo. Mas o incircunciso, que não se circuncidar na carne do prepúcio, essa alma será extirpada do seu povo; violou o meu pacto."
Gênesis 17: 10-14

A Circuncisão nos Tempos Antigos
Crianças, especialmente os meninos, eram (e
ainda são) vistos como uma bênção do Senhor.
As filhas deixariam a família depois do
casamento, mas os filhos permaneceriam. Eles
eram a garantia da velhice de seus pais.

Nos tempos do Antigo Testamento, bebê de
ambos os sexos era nomeado no dia em que
nascia. Nos tempos do Novo Testamento, um
filho recebe o seu nome no momento da sua
circuncisão.
A remoção do prepúcio masculino por corte
tornou-se prática padrão quando os israelitas
se estabeleceram em Canaã. Usando uma faca
de pedra, o pai teria de circuncidar seu filho no
oitavo dia (Levítico 12: 3). Este era o sinal
externo da aliança entre Deus e Israel (Gênesis
17:10-14).

Somente aqueles que tinham sido
circuncidados eram aceitos na comunidade de
pessoas que foram separadas de seus vizinhos
pagãos. Nenhum estrangeiro incircunciso
poderia participar da Páscoa. Chefes de família
também circuncidavam seus escravos, fossem
eles nativos ou estrangeiros.

Brit Milá Hoje
Após o nascimento de uma criança, é dada ao
pai a honra de uma *aliyah** na sinagoga. A
congregação recita uma bênção para a saúde
da mãe e da criança. Uma menina é nomeada
durante este *aliyah,* mas um menino só recebe
o seu nome durante a *Brit Milá.*

De todos os mandamentos do judaísmo, a *Brit
Milá* (lit. aliança da circuncisão) é provável-
mente o mais universalmente observado.
É comumente chamado de *Bris* (Yiddish,
aliança) ou Brit. Em Israel, mesmo os judeus
seculares observam estas leis. O mandamento
de circuncidar é dado em Gênesis 17: 10-14 e
Levítico 12: 3.

A aliança foi
originalmente
feita com Abraão e
tornou-se o pri-
meiro mandamen-
to específico para
os judeus. O *Brit
Milá* é realizado
em crianças do
sexo masculino

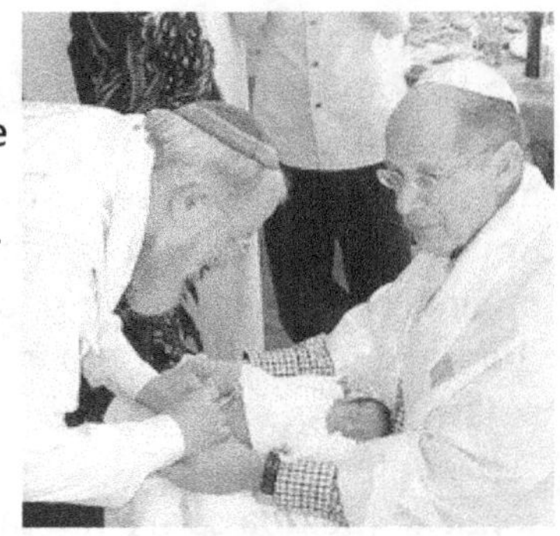

com oito dias de idade por um *mohel *.

Os cientistas provaram que o mecanismo de
coagulação do sangue de uma criança se
estabiliza no oitavo dia após o nascimento.
Apesar de algumas culturas terem uma prática
de remoção de todo ou parte do clitóris da
mulher, muitas vezes erroneamente referido
como 'circuncisão feminina', o ritual nunca foi
parte do Judaísmo.
A maioria dos *Brit Milá* é realizada em uma
sinagoga, mas também podem ser feitos em
casa ou em outro local. Tradicionalmente, um
Brit é realizado de manhã, mas pode ocorrer a
qualquer momento do dia e até mesmo no
Shabbat. No caso de o bebé nascer
prematuramente ou quando têm sérios
problemas médicos, o *Brit Milá* é adiado até
que os médicos e o *mohel* considerem a criança
forte o suficiente.

Um *mohel* é um judeu devoto observante
educado na lei judaica relevante e nas técnicas
cirúrgicas. A circuncisão realizada por um
cirurgião não se qualifica como um *Brit Milá*
válido, mesmo se um rabino der uma bênção
sobre ele. A razão é que a remoção do prepúcio
é visto como um ritual religioso que deve ser
executado por alguém religiosamente
qualificado.

A pessoa que carrega o bebê da mãe para o pai
é chamada de *kvatter* ou *kvatterin* (feminino).

Esta honra é normalmente dada a um casal sem filhos, como um mérito ou *segulah* * (traz boa sorte), para que eles tenham seus próprios filhos. O termo pode ser derivado de *'gevatter'*, uma palavra do alemão arcaico para padrinho, ou uma combinação *Yiddish* das palavras *kavod* (honra) e tor (*Yiddish* para 'porta'). Em outras palavras, 'A pessoa honrada, trazendo o bebê'. O pai então leva seu filho ao padrinho ou ao *sandek** (pessoa com a honra de segurar a criança durante a circuncisão).

O *sandek*, geralmente um avô ou rabino da família, muitas vezes senta em uma cadeira ornamentada. Este assento especial é tradicionalmente reservado para o Elijah, que é quem preside todas as circuncisões. Diferentes bênçãos são recitadas (incluindo uma sobre o vinho) e uma gota de vinho é colocada na boca da criança.
Agora é a hora de dar à criança o nome hebraico formal. Estes nomes são utilizados principalmente nos rituais judaicos, como na hora de chamar alguém para a *aliyah** ou na *ketubah* * (contrato de casamento). A forma padrão de um nome hebraico é, por exemplo, Moshe ben Joseph (Moisés, filho de José). Uma menina é nomeada, por exemplo, de Rivka bat Joseph (Rebeca, filha de José). Se a criança é um Cohen (da linhagem sacerdotal) acrescentam 'ha Cohen'. Já se a criança é da tribo de Levi, é adicionado 'ha Levi'. Entre os Ashkenazim é costume nomear uma criança com o nome de um parente recentemente falecido. Isso é feito para honrar o parente morto e porque acreditam que dá azar nomear uma criança com o nome de um parente vivo. Por outro lado, os judeus Sefarditas normalmente não nomeiam uma criança com nomes de parentes.

Após a cerimônia, tem lugar uma *seudat mitzvah* (refeição comemorativa).

Após a *birkat hamazon* (benção após a refeição), orações especiais são recitadas pedindo a Deus que abençoe os pais, o *sandek* e o *mohel*. Eles também pedem a Deus para enviar o Messias e Elias, o Profeta, conhecido como 'O Cohen Justo'.
Sua vinda vai cumprir o pacto de Deus de restabelecer o trono do rei Davi.

PIDYON HABEN
REDENÇÃO DO PRIMOGÊNITO

Costumes nos Tempos Antigos
De acordo com a lei judaica, um filho primogênito tinha que ser redimido quando completava 30 dias. Quando os dias da purificação da mãe acabavam, os pais levavam a criança para o Templo. Ao pagar para o sacerdote cinco shekels de prata, a criança era 'resgatada' (ver Números 3: 47-48). Eventualmente, a comissão de resgate de cinco shekels tornou-se um imposto religioso.

Costumes Hoje
A maioria dos ultra-ortodoxos e muitos judeus observantes continuam a observar o ritual de *pidyon haben*. A cerimônia, mencionada em Números 18: 15-16, só se aplica aos meninos que nasceram por meio de um parto natural. Se a primeira gravidez terminou depois de mais de 40 dias, o filho seguinte não tem de ser resgatado. A redenção do primogênito não se aplica aos membros da tribo de Levi nem a crianças nascidas de uma filha de um membro da tribo de Levi ou Cohen.
Enquanto um *brit milah* pode ocorrer em um Shabbat, o ritual de *pidyon haben* não pode, porque envolve o uso de dinheiro.

Na cerimónia tradicional, que ocorre na presença de um *minyan**, o pai traz a criança ao Cohen.

O bebê é apresentado, algumas vezes, em uma bandeja de prata, cercado por jóias emprestadas para a ocasião por convidadas do sexo feminino. Seja recitando uma fórmula ou respondendo a perguntas do ritual, o pai afirma que este é o primeiro filho da mãe israelita e que ele veio para redimi-lo, como ordenado na *Torah.*

O Cohen (da linhagem sacerdotal de Araão) pergunta ao pai se ele prefere ter a criança ou os cinco *shekles* de prata que ele deve pagar. Depois de responder que ele prefere a criança ao dinheiro, o pai recita uma bênção e entrega cinco moedas de prata (ou uma quantidade equivalente de prata) para o Cohen. Apenas um rabino que também é um Cohen pode validar a redenção. Enquanto mantém as moedas sobre o bebê, o Cohen declara que o preço do resgate é recebido e aceito no lugar do primogênito. Em seguida, ele abençoa o bebê e devolve-o à custódia de sua família.

Este evento especial é seguido por uma refeição festiva. Às vezes, os convidados recebem dentes de alho e cubos de açúcar para levar para casa. Acredita-se que, usando esses itens, aqueles que os comem estendem a *mitzvah* * de participar da cerimônia.

CERIMÔNIA *WIMPEL*

O *Wimpel* * (Yiddish/Alemão - 'pano', derivado do Alemão antigo, *bewimfen,* que significa 'cobrir' ou 'esconder') é um cinto de linho longo que os judeus alemães usavam como capa para o *Sefer Torah*. Ele foi feito a partir do pano usado para cobrir um bebê em seu brit milá. Este costume uniu a comunidade judaica com o próprio ciclo de vida do indivíduo.

Na Idade Média, a maioria dos rolos da Torah eram embrulhados com um *mappah** (pano). Era considerado uma *mitzvah* e uma honra doar tal *mappah* para a congregação. Muitas vezes, um noivo doava um na véspera de seu casamento. Como a maioria das coberturas eram feitas com tecidos velhos, alguns rabinos não aprovavam - eles achavam que era desrespeitoso com a *Torah.*

Durante a Idade Média, era costume enfaixar as pernas de um bebê depois da circuncisão para impedi-lo de se mover e tirar as bandagens. Um dia, o *mohel* se esqueceu de trazer o pano para as pernas do bebê. Acreditando que era uma situação que implicava risco de vida, o rabino deu permissão para o *mohel* usar um *mappah* de um dos rolos da *Torah* da sinagoga. Ele pediu aos pais do bebê para lavar o pano antes de devolvê-lo à sinagoga. Outra versão é que o *mohel* costumava colocar uma longa faixa de pano branco (o *Wimpel*) sob o travesseiro sobre o qual o bebê deitava para sua circuncisão. Após a cerimônia, o pano era pintado ou bordado.

Tinha o nome da criança, a data de nascimento e a bênção em hebraico: *"Assim como ele entrou na [aliança da] circuncisão, assim também ele deve praticar a [aliança da] Torah, casar e praticar boas ações".*
Algumas mães faziam o trabalho artístico elas mesmas; outras contratavam os serviços de 'profissionais do *Wimpel'*.

Sendo que tanto a *Torah* como a circuncisão se referem às aliança que o povo judeu tem com Deus, o pano usado em uma circuncisão era considerado 'sagrado'. Portanto, tornou-se costume doar esses *wimpels* como *mappot* à sinagoga.

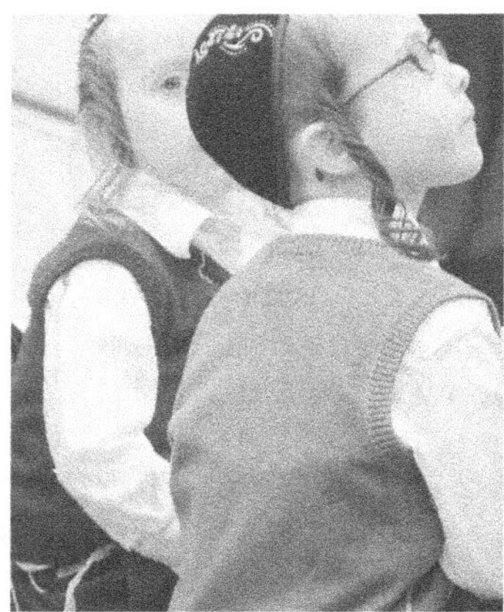

Foto: Mercy Gaynoor

Hoje, muitas sinagogas ainda têm uma 'cerimônia *Wimpel*' quando um menino faz três anos (e é considerado que não precisa mais usar fraldas). Esta é também a idade na qual um menino religioso começa a aprender a *Torah*.
Na manhã do *Shabbat*, pai e filho são chamados após a primeira leitura da *Torah.* Com a ajuda de seu pai, o filho envolve várias vezes o *Wimpel* em torno do rolo da *Torah* e enfia o fim do pano nas dobras.
De uma forma simbólica, a criança envolve suas responsabilidades individuais com Deus e envolve os Seus mandamentos em relação às responsabilidades comunitárias.

Após o serviço, todos estão convidados a se juntar à família para um *kiddush** e uma pequena festa. A ocasião alegre serve para instilar na criança amor e entusiasmo pela *shul* (sinagoga) e pelo Judaísmo.

Na Alemanha, uma vez que um menino judeu está livre de fraldas, ele é levado à sinagoga. Quando os homens carregam a *Torah* até o *ezrat nashim** (local onde as mulheres sentam na Sinagoga, geralmente a varanda), a mãe lança o *wimpel* na *Torah*. O *wimpel* dedicado simboliza o fato de que a criança está agora 'pura' e já é capaz de tomar parte no serviço e estudar a *Torah.*

Muitas vezes, a sinagoga recebe muitos mais *wimpels* do que rolos da *Torah.* Estes são, então, armazenados em uma gaveta na arca*. É costume colocar o *wimpel* do menino na *Torah* durante seu *Bar Mitzvah,* um *Aufruf* ou outros eventos importantes da família. Alguns *wimpels* ainda são usados como elemento decorativo na chuppah do noivo.

Em muitas sinagogas do mundo todo, a 'cerimônia *Wimpel'* continua a ser uma parte integrada e alegre dos eventos do ciclo de vida judaica.

Um *wimpel* é criado a partir do cueiro do *Brit milá*. Depois de ter sido lavado, o pano é cortado em tiras e costurado formando uma faixa que mede aproximadamente 15 cm de largura e 3m de comprimento. Os *wimpels* antigos (e modernos) são decorados com imagens coloridas, como animais, pássaros, signos astrológicos e cenas como uma noiva e um noivo sob a chuppah e o *Sefer Torah.*

CAPÍTULO 31

BAR MITZVAH & BAT MITZVAH

Bar e Bat Mitzvah são rituais judaicos para celebrar que se atingiu a maturidade.
*Bar (*aramaico) ou *Ben* (hebraico) significa 'filho'. *Bat* significa 'menina'.
Mitzvah é um mandamento e uma lei.
De acordo com a lei judaica, com a idade de 13, um menino judeu se torna responsável por seus atos. Assim, ele se torna um *Bar Mitzvah* (plural: *B'nai Mitzvah*). Para as meninas, isso acontece com 12 anos de idade. As idades foram selecionadas de forma a coincidir com a puberdade. Nos tempos antigos, a puberdade era definida como o aparecimento de dois pêlos pubianos (*simanim,* 'sinais'). A puberdade nas mulheres começa mais cedo do que nos homens.

Estudiosos acreditam que a observação cerimonial de um *Bar Mitzvah* com a idade de 13 foi desenvolvida na Idade Média.
Segundo o rabino Eleazar, *"até o décimo terceiro ano é dever do pai treinar seu filho; depois disso ele deve dizer: 'Bendito seja Aquele que tomou de mim a responsabilidade [a punição] por este menino!'"*

Os jovens que tenham atingido a idade de *bar mitzvah* podem ser chamados a fazer parte de um *minyan**. Eles também podem liderar a oração e outros serviços religiosos na família e na comunidade. Muitas sinagogas requerem crianças pré-*bar mitzvah* a participar de um número mínimo de serviços de oração no Shabbat na sinagoga, a assumir uma instituição de caridade ou ser ativo em um projeto da comunidade.
No primeiro *Shabbat* do seu décimo terceiro ano, um menino judeu é chamado para ler a porção semanal da Lei da *Torah* (cinco livros de Moisés). Nas sinagogas não-ortodoxas, as meninas também podem ser chamadas a ler.

Menino
Entre a idade de 3-12, chamada de **Ketanah** (menor).
De 12-12½ chamada de **Na'arah** (mulher jovem).
Após 12½ torna-se uma **Bogeret** (adulta).

Menina
3-13 + 1 dia: **Katan** (menor).
13 + 2 dias: torna-se um **Gadol** (adulto).

As festividades *B'nai Mitzvah* normalmente incluem uma refeição festiva com a família, amigos e membros da comunidade. Algumas pessoas levam seus filhos em uma viagem especial ou organizam evento especial em honra ao celebrante.

Hoje, a maioria dos judeus não ortodoxos celebra o *Bat Mitzvah* de uma menina da mesma forma que o *Bar Mitzvah* de um menino.
O evento é comemorado em

grande estilo, com uma refeição festiva e muitos convidados.
No *Bat Mitzvah* a menina faz um discurso, recebe presentes e uma bênção do mestre ou rabino.

Os presentes tradicionais do *bar/bat mitzvah* são livros com valor religioso ou educacional e artigos religiosos.

Atualmente, doações em dinheiro em múltiplos de 18 tornaram-se a norma (o equivalente numérico da palavra hebraica para 'vida', *chai*, é 18).

Muitas vezes, o *Bar Mitzvah* recebe seu primeiro *talit** (xale de oração) de seus pais para ser usado nesta ocasião. Famílias ortodoxas compram um *tefilin** para seu filho. Uma joia é um presente comum para uma jovem *Bat Mitzvah*. Por ser um dever e uma honra da mulher acender as velas do Shabbat, uma *Bat Mitzvah* religiosa normalmente recebe um par de castiçais.

Mais de 40% das famílias judaicas em Israel e muitas das famílias da Diáspora preferem comemorar o *Bar Mitzvah* do seu filho no Kotel de Jerusalém (Muro das Lamentações).

Estas celebrações são geralmente realizadas as segunda-feira e quinta-feira de manhã e podem ser vistas da Plaza do Kotel. O *Bar Mitzvah* raramente é realizado no Shabbat, já que tirar fotografias ou filmar nesse dia é estritamente proibido.

No Kotel de Jerusalém, pode acontecer que jovens de treze comemorem seu *bar mitzvah* junto com homens de setenta ou oitenta anos de idade. Homens incapazes de ter seus *bar mitzvah* na época do Holocausto, eles sempre desejaram um dia cumprir esse sonho.

Um sobrevivente do Holocausto e seu neto, ambos comemorando seu Bar Mitzvah.

NETILAT YADAYIM
O RITUAL DA LAVAGEM DAS MÃOS

Netilat yadayim ('Elevação [depois de ritualmente lavar] as mãos'), também conhecido como *Mayim Rishonim*, é a lavagem das mãos com um copo.

Antes de comer qualquer pão com uma refeição, isto é sempre feito com uma bênção.

Uma bênção não é dita depois de tocar objetos que transmitem impurezas rituais, como as partes íntimas, sapatos de couro, animais ou insetos ritualmente impuros ou depois de visitar um cemitério.

A *Halacha* (lei judaica) exige que a água usada para a lavagem ritual seja naturalmente pura, que não tenha sido utilizada anteriormente, que não contenha outras substâncias e que não seja descolorida.

A água também deve ser derramada de um recipiente como um ato humano, com base nas referências a esta prática que aparecem na Bíblia; por exemplo, Eliseu derramou água sobre as mãos de Elias. A água deve ser derramada em cada mão pelo menos duas vezes.

Capítulo 32

IDF - CERIMÔNIA DE JURAMENTO NO KOTEL (MURO DAS LAMENTAÇÕES)

As Forças de Defesa de Israel - IDF são um exército do povo. O serviço militar nacional é obrigatório para homens e mulheres judias após os 18 anos. Homens beduínos e drusos também podem se inscrever. Exceções são feitas por motivos religiosos, físicos ou psicológicos, mas a maioria dos jovens judeus quer servir no exército. Os homens servem três anos e as mulheres servem dois anos.

Após a inscrição, todos os soldados começam um curso de formação básica de três meses. Durante este rigoroso processo de 'integração', eles se tornam soldados em vez de cidadãos. A cerimônia de posse ocorre geralmente depois de terminar o curso de formação básica. Mesmo que muitas bases militares tenham a sua própria cerimônia de tomada de posse, as realizadas no Kotel são muito especiais. Nesse dia, soldados, agentes de segurança e membros da família lotam o local de manhã cedo até a noite.
No final da tarde, os soldados começam a se alinhar de acordo com suas unidades, enquanto membros da família, lutando por um lugar para ter uma boa vista, são mantidos fora da área isolada.

Mantendo o seu entusiasmo, os soldados ficam atentos, prontos para jurar sua lealdade às FDI-IDF e ao Estado de Israel. Acontecem vários discursos de oficiais superiores e de um rabino do exército, além de serem cantadas diversas canções. Durante uma dessas ocasiões, um coronel dirige-se à multidão dizendo:
"Hoje nós juramos fidelidade para defender nossa pátria e atuamos a partir deste compromisso. Não há lugar mais apropriado para jurar fidelidade do que o Kotel, um lugar que combina o antigo com o moderno e expressa a profundidade de nossa conexão com a nossa pátria".
Ficar em pé na frente do Muro das Lamentações, com os soldados, suas famílias e as bandeiras de Israel, deixa os visitantes arrepiados de emoção.
O destaque da cerimônia começa quando o coronel lê em voz alta:
"Eu juro defender as expectativas do meu país e exército.
Eu juro doar-me incondicionalmente para a proteção do Estado de Israel.
Juro ser o melhor soldado que posso ser."

Em resposta, uma companhia depois da outra grita o mais alto que puder:
"Ani nishbah! - 'Eu juro!'"

Leva um bom tempo antes que cada soldado vá até seu comandante para receber uma arma de uso pessoal e uma *Torah* ou Bíblia.
A cerimónia termina com o canto do Hino Nacional - *Hatikvah* (A Esperança).
Os membros da família, que vieram de todo país a Jerusalém, são finalmente autorizados a abraçar o 'seu' soldado.

A HISTÓRIA DA *'HATIKVAH'*
O HINO NACIONAL DE ISRAEL

Rishon le Zion (Primeiro a Zion) foi criada em 1882, com a ajuda de Edmond de Rothschild. O nome do novo assentamento foi inspirado em uma frase de Isaías 42:27: *"O primeiro dirá a Sião..."* Em honra ao estabelecimento, o romeno Naphtali Herz Imber escreveu um poema chamado 'Hatikvah' - a esperança. Samuel Cohen, um dos agricultores, fez a música.

No dia 1º de setembro de 1939, no início da Segunda Guerra Mundial, um navio que transportava imigrantes ilegais fugiu rumo à costa de Tel Aviv. No clarão das luzes de busca britânicas, os 1.400 refugiados a bordo do navio de carga começaram a cantar o hino *'Hatikvah'*:

"Enquanto no fundo do coração palpitar uma alma judaica
e em direção ao Oriente o olhar voltar-se a Sião
nossa esperança ainda não está perdida, a velha esperança
de retornar à terra de nossos pais,
para a cidade onde Davi habitou".

Os chamados 'ilegais', escapando dos nazistas, foram internados pelos britânicos no campo de prisioneiros de Sarafand, ao noroeste da atual cidade de Ramla.

Durante a Segunda Guerra Mundial, os britânicos continuaram impedindo os desesperados refugiados judeus a entrar na Palestina. Durante aquele tempo sofrido, a *'Hatikvah'* tornou-se um símbolo do anseio do povo judeu a sua eterna Terra Prometida - Sião.

'Hatikvah' tornou-se oficialmente o hino nacional durante a cerimónia de inauguração do Estado de Israel, em 14 de maio de 1948. Foi adicionado a ele um segundo verso:

"Nossa esperança ainda não está perdida, esperança de 2.000 anos, de ser um povo livre em nossa terra, a terra de Sião e Jerusalém".

Hoje, o hino *'Hatikvah'* ainda é cantado com fervor e sua melodia e palavras continuam a agitar as emoções de sionistas judeus e cristãos.

APÊNDICES

DIAS DE JEJUM JUDAICOS – VISÃO GERAL

DATA	NOME	MOTIVO	COMO É OBSERVADO
3 *Tishri*	Jejum de Gedaliah	Comemoração do assassinato de Gedaliah (2 Reis 25:25)	Do amanhecer ao anoitecer
10 *Tishri*	Dia da Expiação	Expiação dos Pecados (Levítico 26-32, etc.)	Do anoitecer ao anoitecer
10 *Tevet*	*Asarah be-Tevet*	Nebuchadnezzar sitia Jerusalém (2 Reis 25:1)	Do amanhecer ao anoitecer
13 *Adar*	Jejum de Ester	Tradicionalmente conectado com o dia de jejum decretado por Ester (Ester 4:16)	Do amanhecer ao anoitecer
14 *Nisan*	Jejum do Primogênito	Comemora a última das dez pragas (Êxodo 12:29)	Do amanhecer ao anoitecer
17 *Tammuz*	*Shivah Asar be-Tammuz*	Associado com a quebra dos muros de Jerusalém por Nebuchadnezzar (Jeremias 39:2)	Do amanhecer ao anoitecer
9 *Av*	*Tisha be-Av*	Associado com a destruição do Templo (2 Reis 25:8-9)	Do anoitecer ao anoitecer

EXPRESSÕES JUDAICAS

"Ad meah ve'esrim!" – Que vivas até os 120! (porque Moises viveu até essa idade).

"Be ezrat haShem!" – Lit. 'Com a ajuda do nome [de Deus] ou da vontade de Deus'. *B"H* ב"ה

"Besiyata Dishmaya" (Aramaico) – 'Com a ajuda do Céu'. Mesmo que o acrônimo não é mencionado na Halacha, ele é amplamente utilizado no topo de documentos escritos. *BS"D* בס"ד Devemos ser lembrados de que tudo vem de Deus e que sem a ajuda de Deus não podemos fazer nada de valor eterno.

BIKKUR CHOLIM – VISITANDO OS DOENTES

Um mandamento importante na tradição judaica é visitar e confortar os doentes e atender às suas necessidades. De acordo com o *Talmud,* visitar uma pessoa doente leva 1/60 de sua doença, enquanto não fazê-lo pode levar à morte do doente. O rabino Eleazar, o Grande, escreveu: "Meu filho, preste muita atenção ao visitar os doentes, porque quem os visita diminui-lhe a doença. Pede para que ele volte ao seu Criador, ora por ele e depois sai. Não faças com que a tua presença lhe seja um fardo, porque ele já tem um fardo suficiente com a sua doença. Quando você for visitar uma pessoa que está doente, entre com alegria, porque seus olhos e coração estão direcionados para aqueles que entram para visitá-lo".

GLOSSÁRIO

ADAR - O sexto mês do ano civil e o décimo segundo mês do ano eclesiástico no calendário Hebraico.

ALIYAH - (Lit. 'subindo') Durante o serviço na sinagoga, um homem tem a honra de subir na *bimah* para recitar uma bênção sobre a *Torah*. *Aliyah* também é a palavra que descreve o retorno do povo Judeu do exílio na Diáspora para a Terra de Israel. A palavra é derivada do verbo *'la'alot'* – 'ir para cima' ou 'ascender' - em um sentido espiritual positivo. Uma pessoa que faz *Aliyah* é chamada de Oleh, que significa 'aquele que sobe'. A ação oposta, a emigração de Israel, é referida como *yerida* – 'descida'.

ANINUT - Primeira fase do luto, quando alguém está em estado de choque e desorientado.

ARBA'AH MINIM – 'Quatro Espécies', utilizadas durante o Sukkot.

ARCA (Torah) parte de uma sinagoga. *Aron Kodesh* pelos Ashkenazim; *Hekhal* entre a maioria dos Sefarditas. Frequentemente um armário ornamental, que contém os rolos da *Torah*.

ASHKENAZI (M) - Descendentes Judeus das comunidades medievais ao longo do rio Reno, na Alemanha, da Alsácia (sul) à Renânia (norte).

AUFRUF - Yiddish para 'chamado'. É o costume de chamar um noivo para uma aliyah. Os Ashkenazim realizam a cerimônia no *Shabbat* anterior ao casamento, enquanto os Sephardim a realizam no Shabbat posterior ao casamento.

AV - Décimo primeiro mês do ano civil e quinto mês do ano eclesiástico no calendário Hebraico. O nome é originariamente Babilônico e apareceu no Talmud em torno do século III. Este é o único mês que não é nomeado na Bíblia. Av ocorre geralmente em julho e agosto.

AVELUT - Estágio de luto após o funeral. Um ano para familiares diretos, 30 dias para familiares de segundo grau.

AVODAH – ('serviço' e 'culto de adoração'). Durante os tempos do Templo descrevia a ordem do serviço para o sumo sacerdote no *Yom Kippur*. Em Hebraico moderno, avodah significa trabalho. Trabalho é serviço e adoração.

BASHERT - Yiddish para 'destino', muitas vezes utilizado no contexto de um cônjuge ou companheiro cuja alma foi divinamente pré-ordenada.

BASHOW - (participar). Futuro noivo e seus pais visitam a jovem em sua casa para ver se o futuro casal é compatível.

BAR / BAT MITSVAH - Cerimônias Judaicas celebradas ao atingir a maioridade religiosa; para meninas com 12 anos de idade, para meninos com 13 anos.

BAYT KEVAROT - (BAYT OLAM). Cemitério Judaico.

BAYT MIDRASH - Sala de estudos em uma sinagoga ou yeshiva.

BIKKUR CHOLIM - (visitas aos doentes). Um grande mandamento na tradição judaica é visitar e confortar o doente e atender às suas necessidades.

BIMAH ou TEBAH (Sefardita) - área ou plataforma elevada em uma sinagoga que serve de local para a pessoa que lê em voz alta a Torah e onde permanece durante o serviço de leitura da mesma.

BIRKAT HAMAZON - (oração após as refeições, *Benshen* em Yiddish). Recitado no final da refeição festiva para agradecer a Deus pelo alimento e sustento que foi desfrutado.

CHALLAH - um pão trançado especial Judaico que é consumido no *Shabbat* e nos feriados.

CHAMETZ - é qualquer produto alimentar feito a partir de trigo, cevada, centeio, aveia, espelta ou seus derivados, que tem levedado (crescido) ou fermentado. Seu consumo é proibido durante os sete dias do feriado de *Pessach*.

CHAMSA - (Hamsa). Um amuleto em forma de mão, popular em todo o Oriente Médio e no Norte da África, frequentemente usado em joias e tapeçarias. Acredita-se que a mão direita aberta, usada como um sinal de proteção, fornece defesa contra o mau-olhado. Também é conhecida como a mão de Fátima (filha de Maomé).

CHANUKAH - feriado Judaico de oito dias comemorando a reinauguração do Segundo Templo em Jerusalém na época da Revolta dos Macabeus, no segundo século antes de Cristo. Chanukah é comemorado durante oito noites e dias, começando no vigésimo quinto dia de Kislev. Pode ocorrer do final de novembro até o final de dezembro no calendário Gregoriano.

CHANUKIAH - candelabro com oito castiçais e com um nono castiçal elevado, que é aceso durante o festival de Chanukah.

HASSÍDICOS - (Hassidim; Judeus ultra ortodoxos). Uma dinastia Hassídica geralmente leva o nome da cidade da Europa Oriental onde foi sediada. Existem diversos grupos, os quais seguem os 'seus' Rabinos. Essa corrente do Judaísmo exige que cada Hassid participe pessoalmente na divulgação da Torah e do Judaísmo no local onde vive e procure o benefício dos seus companheiros Judeus.

CHATAN - noivo

CHATAN BERESHIT - noivo do Gênesis; o homem chamado a recitar ou cantar as bênçãos sobre a primeira seção da Torah no Simchat Torah.

CHATAN TORAH - o homem chamado a recitar ou cantar as bênçãos sobre a sessão final da *Torah* no *Simchat Torah.*

CHAZZAN - cantor Judeu, um músico treinado nas artes vocais que ajuda a conduzir a congregação em uma oração melodiosa.

CHESVAN - (lit. 'oitavo mês'). O segundo mês do ano civil Judaico (que começa no dia 1º do mês de Tishrei) e o oitavo mês do ano eclesiástico (que começa no dia 1º do mês de *Nisan)* no calendário Hebraico.

CHEVRA KADISHA - Sociedade Funerária Judaica.

CHOL HAMOED – (lit. 'dia de semana'; ordinário) - Os dias intermediários de *Pessach* e *Sukkot.*

CHUPPAH - (lit. 'copa' ou 'cobertura'). É uma tenda sob a qual a noiva e o noivo permanecem durante a cerimônia de casamento. Consiste em um tecido ou lençol, às vezes um talit, esticado ou apoiado sobre quatro postes. Muitas vezes os amigos do noivo seguram os postes. A chuppah simboliza a casa que o casal vai construir juntos.

COHEN - um descendente masculino de Aaron, o irmão de Moisés. Ser um Cohen está associado a certos privilégios e obrigações religiosas.

MANDAMENTOS (613) - que os Judeus religiosos são ordenados a guardar. Dos 613, 365 são negativos (proibidos), correspondendo-se com os dias do ano solar. Os 248 positivos (deveres a cumprir) estão ligados ao número de membros no corpo humano.

DAVENEN (davnen) - palavra Yiddish para rezar. Amplamente utilizada pelos Ashkenazim.

DIÁSPORA - (grego para 'dispersão', deslocamento). O movimento, migração ou dispersão de pessoas de uma pátria estabelecida ou ancestral. A palavra passou a se referir às dispersões históricas em massa de pessoas com raízes comuns, particularmente os movimentos de natureza involuntária, como a expulsão dos Judeus do Oriente Médio. Apesar do povo Judeu encontrar-se frequentemente separado de seu território nacional, ele sempre manteve a esperança de retornar à sua terra natal. Neste livro, 'diáspora' refere-se aos Judeus que vivem fora da Eretz Israel.

DREIDEL - ver Sevivon

ELUL- décimo segundo mês do ano civil judaico e o sexto mês do ano eclesiástico no calendário Hebraico. Normalmente, agosto-setembro.

ERETZ ISRAEL - nome dado ao território que corresponde aproximadamente à área abrangida pelo Levante Sul (Canaã); também chamada de Terra Prometida, após a promessa bíblica de terra para Abraão e sua descendência; às vezes também chamada de Terra Santa. A parte da Judéia Romana foi chamada de Palestina.

EZRAT NASHIM - área de oração separada, o pátio das mulheres. O ezrat nashim estava originalmente localizado no setor leste do Segundo Templo.

JEJUM e DIAS DE JEJUM - na tradição Judaica constituem uma disciplina religiosa envolvendo a abstenção de comida, bebida e prazeres físicos com a finalidade de intensificar a experiência espiritual para a expiação dos pecados. O jejum ocorre quando se comemoram tragédias nacionais ou como parte de uma petição pessoal a Deus em busca de Sua ajuda.

FESTIVAIS e *YOM TOV'S* – 'Yom Tov' significa literalmente 'um bom dia'. A Lei bíblica ordena sete dias festivos em que o trabalho é proibido - *Rosh Hashana, Yom Kippur, Sukkot, Shemini Atseret,* o primeiro e o último dia de *Pessach* e *Shavuot*.

Período do Primeiro Templo - 1006-586 AEC (Antes da Era Comum).

GALUT (Golus) - lit. 'exílio', referindo-se aos (quatro) exílios do Povo Judeu da Terra de Israel.

GARTEL - (em Yiddish: *gartel*; em Alemão: *Gürtel*). É um cinto usado pelos Hassídicos durante a oração.

GEMARAH (Gemorah) - significa 'para concluir' e faz parte do Talmud. Os termos *Gemarah* e *Talmud* geralmente se referem às versões Babilônicas.

GENIZAH - um quarto para armazenamento de manuscritos e livros sagrados desgastados e danificados, bem como para objetos rituais, como tefilin ou *mezuzot*. Pela lei Judaica, tais itens não podem ser jogados fora como lixo, mas devem ser descartados de forma reverente. Isso geralmente significa enterrar os itens no cemitério Judaico local. Até isso ocorrer, muitas sinagogas têm um cofre ou quarto que usam como *genizah,* que significa literalmente 'armazém'.

HACHEL - costume baseado na prática obrigatória de reunir todos os homens, mulheres e crianças Judaicas uma vez a cada sete anos para ouvir a leitura da *Torah* feita pelo rei de Israel.

HAVDALAH - cerimônia marcando o fim do *Shabbat* e dos feriados. Dá início ao começo da nova semana.

HAFTARAH - (Lit. 'conclusão'). A leitura dos Profetas lida junto com a porção semanal da *Torah.*

HAGADDAH - texto Judaico que estabelece a ordem do Seder de Páscoa. A leitura do *Hagaddah* à mesa durante o Seder é um cumprimento do mandamento para cada Judeu 'dizer ao seu filho' sobre a libertação dos Judeus da escravidão no Egito (Êxodo 13: 8).

HAKAFFOT - (lit. 'girando em círculos'). Trata-se da procissão, dançada sete vezes, feita com os pergaminhos da *Torah* no feriado de *Simchat Torah.*

HALACHA- Lei Judaica e jurisprudência, com base no *Talmud.*

HALLEL - uma parte do serviço para certas Celebrações Judaicas; (Salmos 113-118).

HAZKARAH – o último serviço memorial dos primeiros 12 meses de luto.

HEFKER – frutas que crescem por si mesmas; são consideradas sem dono e podem ser colhidas por qualquer pessoa.

HEKHAL - arca onde os rolos da Torah são guardados.

FERIADOS IMPORTANTES - (*Yamim Noraim* – 'Dias de Reverência'). São o *Rosh Hashanah* (Ano Novo Judaico) e o *Yom Kippur.*

HOSHANA RABAH - Sétimo dia do feriado Judaico de Sukkot, vigésimo primeiro dia do mês de Tishrei.

ISRU CHAG - (lit. 'Vincular o Festival'). Um dia após a data festiva de Pessach, Shavuot e Sukkot.

IYAR - o oitavo mês do ano civil; o segundo mês do ano eclesiástico. Normalmente, meses de abril e maio.

KABBALAH - A antiga tradição Judaica de interpretação mística da Bíblia, inicialmente transmitida em forma oral e usando métodos esotéricos.

KABBALAT PANIM - é a recepção de abertura de um casamento.

KABBALAT SHABBAT - (lit. recebimento do Shabbat). Um ritual místico projetado para receber o Shabbat.

KADISH - (Lit. santificação). É uma prece Aramaica de louvor a Deus; uma oração na sinagoga recitada pelos enlutados.

KALLAH- noiva Judaica.

KETUBAH - contrato de casamento entre marido e mulher que é assinado antes de um casamento Judaico.

KERIAH - a prática de rasgar ou cortar uma peça de roupa, ou simbolicamente usar uma fita preta cortada sobre o coração, como um sinal de luto.

KETUVIM - (Escritos). Livros Poéticos: Salmos, Provérbios, Jó; Cinco rolos: Cântico dos Cânticos, Rute, Lamentações, Eclesiastes, Ester; Outros: Daniel, Esdras, Neemias, Crônicas.

KEVURAH - enterro Judaico.

KIDDUSH - (lit. 'santificação'). Uma bênção recitada sobre vinho (ou suco de uva) para santificar o Shabbat, feriados Judaicos ou eventos especiais.

KIDDUSH LEVANAH - santificação da lua nova (Rosh Chodesh).

KISLEV – O terceiro mês do ano civil e o nono mês do ano religioso. Geralmente em novembro e dezembro.

KITTEL (Yiddish) - um manto branco usado pelos Ashkenazim em ocasiões especiais (*Yom Kippur, Rosh Hashana* e durante o Seder de Páscoa). Os homens ortodoxos usam um kittel no dia do casamento, e também serve como mortalha para os homens. Um *kittel* é sempre branco porque Isaías 1:18 diz: *"Vinde, pois, e arrazoemos, diz o Senhor: ainda que os vossos pecados são como a escarlata, eles se tornarão brancos como a neve; ainda que são vermelhos como o carmesim, tornar-se-ão como a lã".*

KOL NIDREI - tanto a oração de abertura como o nome do ritual da noite inicial do *Yom Kippur.*

KOSHER / KASHER - apto ou apropriado no contexto de alimentos que podem ser consumidos de acordo com a lei Judaica tradicional. O porco tornou-se o símbolo mais notável de animal não-kosher.

LAG BAOMER – Trigésimo terceiro dia no período da contagem do *'Omer'* (*'Lag'*= 33), correspondente ao décimo oitavo dia do mês de *Iyar.*

LULAV - Quatro espécies juntas (Sukkot).

MACHZOR - o livro de orações usado pelos Judeus nas Grandes Festas de *Rosh Hashanah* e *Yom Kippur.*

MAFTIR - a última pessoa chamada à *Torah* no *Shabbat* e manhãs de feriados: esta pessoa também lê a parte do *haftarah.*

MAPPAH - ver Wimpel.

MATSAH - pão não fermentado tradicionalmente consumido pelos Judeus durante o *Pessach*, feriado de uma semana de duração.

MENORAH - um candelabro de sete braços usado no antigo Tabernáculo no deserto e no Templo em Jerusalém.

MEZUZAH - um pergaminho com textos religiosos. Ele é colocado em um estojo pregado à ombreira da porta de uma casa Judaica como um sinal de fé.

MIKVEH (Mikvah)- é o nome da imersão ritual usada para purificação. Lit. 'coleta de água'.

MA'ARIV - Orações vespertinas, do final da tarde.

MECHITSAH - (Halachic). Partição, usada para separar homens e mulheres.

MEGILLAH - um dos cinco livros das escrituras Hebraicas (Cântico dos Cânticos, Rute, Lamentações, Eclesiastes e Ester.

MIDRASH - um método de exegese de um texto bíblico, mas também pode ser uma compilação de ensinamentos e comentários sobre o Tenach.

MIKVAH/MIKVEH - banho ritual.

MINCHAH - orações da tarde.

MINIAN - (lit. 'contar', número). Quórum de dez homens Judeus necessário para os serviços de oração.

MISLOACH MANOT - cesta de presentes com doces e vinho dada durante o *Purim*.

MISHNAH - a raiz Hebraica da palavra significa 'repetir' e refere-se à memorização por repetição. *Mishnah* pode se referir à tradição da *Torah* Oral, que foi formulada nos primeiros séculos da EC (Era Comum).

MITZVAH - uma boa ação (caridade) realizada por dever religioso, ou um preceito ou mandamento da lei Judaica.

MOHEL - um Judeu treinado na prática da *Brit Milá* (circuncisão).

MUSAF - um serviço adicional que é recitado no *Shabbat, Yom Tov, Chol Hamoed* e *Rosh Chodesh*.

NE'ILAH - último dos cinco serviços realizados no Dia da Expiação.

NER ZIKARON - vela memorial que queima por 24 horas.

NEVI'IM - livros da Bíblia - Josué, Juízes, Samuel, Reis, Isaías, Jeremias, Ezequiel, Oséias, Joel, Amós, Jonas, Obadias, Miquéias, Naum, Habacuque, Sofonias, Ageu, Zacarias, Malaquias.

NIDDAH - uma mulher que está menstruada, ou tenha menstruado, e ainda é percebida 'impura' até ela fazer a mikveh.

NISAN - sétimo mês do ano civil e primeiro mês do ano religioso, normalmente março e abril.

OMER - uma antiga medida seca Hebraica, a décima parte de um efa ou um maço de milhos ou omer de grãos apresentado como uma oferenda no segundo dia da Páscoa.

LEI ORAL - um comentário legal na Torah (lei escrita) que explica como seus mandamentos devem ser cumpridos.

ORTODOXO - Judeu que pratica a estrita observância da lei Mosaica.

FESTAS DE PEREGRINAÇÃO - conhecidas como *Shalosh Regalim* são três grandes festivais no Judaísmo: *Pessach* (Páscoa), *Shavuot* (Semanas) e *Sukkot* (Festa dos Tabernáculos).

PURIM – festa menor judaica realizada na primavera (no dia 14 ou 15 do mês de Adar), para comemorar a derrota do plano de Haman de massacrar os Judeus.

RA'ASHAN - *gregger*, usado para fazer barulho na sinagoga quando o nome 'Haman' é lido.

RABINO - estudante ou professor Judeu, especialmente aquele que estuda ou ensina a lei Judaica. É também aquela pessoa designada como um líder religioso Judaico.

REFORM - Judeu liberal que tenta adaptar todos os aspectos do judaísmo às circunstâncias modernas.

ROSH HASHANAH - Ano novo Judaico. Ocorre uma vez por ano durante o mês de *Tishrei*, dez dias antes do *Yom Kippur*.

ROSH CHODESH - o início de cada mês no calendário Judaico; marcado por uma liturgia especial.

SAGE - sábio, idoso, mestre espiritual, líder religioso, muitas vezes uma figura paterna.

SANDEK - homem honrado para segurar o bebê menino durante a sua circuncisão.

SINÉDRIO - (lit. 'sentados juntos', portanto: 'assembleia' ou 'conselho'). Nos tempos bíblicos, um conjunto de vinte e três juízes nomeados em cada cidade na Terra de Israel. Atualmente, o mais alto tribunal de justiça e o conselho supremo na antiga Jerusalém.

PERIODO DO SEGUNDO TEMPLO - a história Judaica na Judeia durou entre 530 AEC (Antes da Era Comum) e 70 EC (Era Comum), quando o Segundo Templo de Jerusalém foi destruído pelos Romanos.

SEDER - serviço ritual Judaico e jantar cerimonial para a primeira noite ou as duas primeiras noites da Páscoa.

SEGULA - uma espécie de talismã (como a corda vermelha cabalística) para afastar o azar, contra o 'mau olhado'.

SEFER TORAH – 'livro (s) da *Torah*' ou 'rolo(s) da *Torah*'. Uma cópia manuscrita da Torah ou Pentateuco.

SHEPHARDI (M) – Sefardita. Termo geral que refere aos descendentes de Judeus Espanhóis e Portugueses que viviam na Península Ibérica antes de serem expulsos em 1492. Também é um estilo de liturgia.

SEPTUAGINT - (ou 'LXX', ou 'Antigo Testamento Grego'). Tradução da Bíblia Hebraica e alguns textos relacionados ao Grego, iniciado no fim do século III AEC (Antes da Era Comum).

SEVIVON - *Dreidel*. Pião de quatro lados, brinquedo de *Chanukah*.

SHABBAT HAGADOL - Shabbat anterior à Páscoa.

SHACHARIT - é a *Tefillah* (oração) diária matinal do povo Judeu, um dos três momentos de oração diária.

SHADCHAN – casamenteiro; arranjar casamento para outros.

SHAMASH – a nona vela na *Chanukiah*, usada para acender as outras oito velas de *Chanukah*.

SHAVUOT - a Festa das Semanas, Pentecostes. É o segundo dos três festivais principais, com significado tanto histórico quanto agrícola (os outros dois festivais são *Pessach* e *Sukkot*).

SHECHITAH - abate de animais de maneira kosher, realizada por um profissional chamado de shochet. Esta forma de abate procura minimizar a dor sentida pelo animal.

SHEKINAH - a glória da presença divina, convencionalmente representada como luz.

SHEMA - um texto Hebraico que consiste em três passagens do Pentateuco e começa: "Ouve, ó Israel, o Senhor é nosso Deus, o Senhor é único".

SHEMINI ATZERET – 'oitavo [dia] de Assembleia'; comemorado no dia 22 do mês Hebraico de *Tishrei*.

SHMITAH - ano sabático.

SHEMIRAT NEGIAH – *Halacha*. Contato físico proibido ou restrito com um membro do sexo oposto.

SEUDAT HAVRA'AH - A primeira refeição comida pelos enlutados quando retornam para suas casas vindos do funeral; a refeição de recuperação ou de condolência.

SHEVA BRACHOT (sete bênçãos) - recitadas sob a chuppah no final do jantar de casamento. Também o nome dos sete convites que os recém-casados recebem para jantar com amigos.

SHEVAT - o quinto mês do ano civil e o décimo primeiro mês do ano eclesiástico no calendário Hebraico. Normalmente, janeiro-fevereiro.

SHIDDUCH – promover um encontro que resulta em casamento.

SHIVA - sete dias de luto após o funeral.

SHOFAR - um instrumento de sopro feito do chifre de um carneiro ou outro animal kosher. Foi usado na antiga Israel para anunciar o *Rosh Chodesh* (Lua Nova) e para agrupar as pessoas. Ele também era tocado em *Rosh Hashana,* o Ano Novo Judaico. Conectado à História de Isaque (Gênesis 22), no qual Abraão sacrifica um carneiro no lugar do seu filho, Isaque.

SHOMER - tutor legal Judaico a quem foi confiada a guarda e os cuidados de outra pessoa.

SHULCHAN ARUCH - (lit. 'mesa posta'). Também conhecido como o Código da Lei Judaica - o código legal mais autoritário do Judaísmo (Sefardita). Compilado na cidade de Safed, Israel, em 1563, foi publicado dois anos mais tarde em Veneza, Itália.

SIDDUR - livro Judaico de oração, contendo orações diárias tradicionais.

SIMCHAT TORAH - marca a conclusão do ciclo anual da leitura da Torah e é uma das festas mais alegres do calendário Judaico.

SIVAN - terceiro dos doze meses do calendário Judaico. O mês em que Deus desceu sobre o Monte Sinai e deu a *Torah* ao povo Judeu.

SIYUM - a conclusão de qualquer unidade de estudo da Torah, ou livro da *Mishnah* ou *Talmud.*

SUFGANIAH - (Geleia). Doce tradicional semelhante ao brasileiro 'sonho', recheado com geleia e comido durante o Chanukah.

SUKKAH – tenda, barraca construída durante a Festa dos Tabernáculos.

SUKKOT - Festa dos Tabernáculos. Terceiro Festival de Peregrinação.

TALIT- xale Judaico de oração, tradicionalmente feito de lã, usado sobre a roupa durante as orações matinais. O xale de oração possui franjas enroladas e amarradas nos quatro cantos chamadas de *tzitzit.*

TALIT KATAN – um pequeno xale de oração usado embaixo da camisa; usado por ortodoxos, Hassídicos e alguns homens Judeus conservadores.

TALMUD - um registro de discussões rabínicas em relação à lei Judaica, ética, costumes e história. Ele contém duas partes: *Mishnah* (200 EC) - lei oral - e *Gemarah* (500 EC) - discussão mais aprofundada, interpreta e explica o *Tenach.*

TAMMUZ - quarto mês do calendário Judaico.

TARGUM - uma paráfrase Aramaica antiga ou interpretação da Bíblia Hebraica.

TASHLICH - cerimônia realizada no primeiro dia de *Rosh HaShanah.* As pessoas simbolicamente lançam os seus pecados na água de um lago, rio ou mar.

TENA'IM - documentos de compromisso semelhantes a um contrato de noivado, acordado e assinado por dois representantes.

TEFILIN - duas caixinhas pretas com tiras pretas contendo passagens Bíblicas usadas em rituais de orações; homens Judeus usam uma caixinha em sua cabeça e amarram a outra em seu braço/bíceps.

TENACH - uma abreviatura inicial da palavra *Torah, Nevi'im* - (Profetas) e *Chetuvim* (Escritos).

TEVET - o décimo dos meses contados a partir do mês de *Nisan.* O nome foi adquirido na Babilônia.

SHLOSHIM - final do período de luto de 30 dias.

TISHA BE'AV - um dia de luto Judeu - e um dia de jejum - que lamenta a destruição dos dois Templos.

TISHRI (ou *Tishrei*) - primeiro mês do ano civil (que começa no dia primeiro do mês de *Tishrei*) e o sétimo mês do ano eclesiástico (que começa no dia primeiro do mês de *Nisan*).

TORAH (TORÁ) - primeiros cinco livros do *Tenach* (Bíblia Hebraica) ou o Antigo Testamento.

TOSAFOT - comentários medievais do *Talmud*.

TOSEFTA - (lit. 'adições', suplementos).
Uma compilação da lei oral Judaica a partir do período
da *Mishnah*.

TZADDIK - um título dado a personalidades que na
tradição Judaica são consideradas justas.

TZEDAKAH - doações de caridade, normalmente visto
como uma obrigação moral.

TZITZIT - franjas rituais especialmente atadas e usadas
por Judeus observantes. Atadas aos quatro cantos do
talit (xale de oração) e *talit katan*.

TZENIUT - comportamento modesto entre os homens e
mulheres solteiros (as) / sem laços de amizade.

TU BE'SHVAT - feriado Judaico menor, que ocorre no
dia 15 do mês Hebraico de *Shevat*.

UPSHERIN - cerimônia de corte de cabelo de meninos
Judeus de três anos de idade durante o *Lag Ba'Omer*.

USHPEZIN - (Aramaico para 'hóspedes '). Sete
pessoas místicas que visitam a sukkah durante o
Sukkot: Abraão, Isaque, Jacó, José, Moisés, Arão e
Davi. Tornou-se habitual convidar um estudante
Yeshiva necessitado para se sentar à cabeceira da
mesa e substituir o convidado especial ushpezin dessa
noite. Este costume continua a ser praticado por muitos
Judeus ultra ortodoxos e Hassídicos.

WIMPEL - uma longa faixa de linho que os Judeus
alemães usavam como capa para o Livro *Torah*.
Era feito do pano usado para enrolar o bebê em seu
Brit Milá.

YAD - ponteiro usado para seguir o texto de um rolo da
Torah.

YAMIM NORA'IM - Importantes Dias Santos; Dias de
Reverência; período entre *Rosh Hashanah* e *Yom
Kippur*.

YESHIVA - (lit. 'sentado'). Uma instituição educativa
Judaica que foca no estudo de textos religiosos
tradicionais, principalmente o estudo do *Talmud* e a
Torah.

YICHUD - ritual do casamento em que o casal recém-
casado passa um período isolado em um quarto. Na
era talmúdica o casamento seria consumado neste
momento, mas na atualidade essa prática não ocorre
mais. O termo também significa a inadmissibilidade da
reclusão de um homem e uma mulher não relacionados
em uma área privada.

YOM KIPPUR - Dia da Expiação, o dia mais sagrado e
solene do ano para os Judeus. Temas centrais:
expiação e arrependimento.

YOM TOV - (Lit. 'bom dia'). Feriado ou festival Judaico;
dia ou série de dias em que os Judeus realizam uma
comemoração sagrada ou secular de um evento
importante.

YOVEL - o ano do jubileu; ano no final de sete ciclos de
anos sabáticos (*Shmita*).

"Assim os plantarei

na sua terra e não serão mais

arrancados

da sua terra

que lhes dei,

diz o senhor teu Deus."

Amós 9:15

Tel Aviv .

עם
ישראל
חי

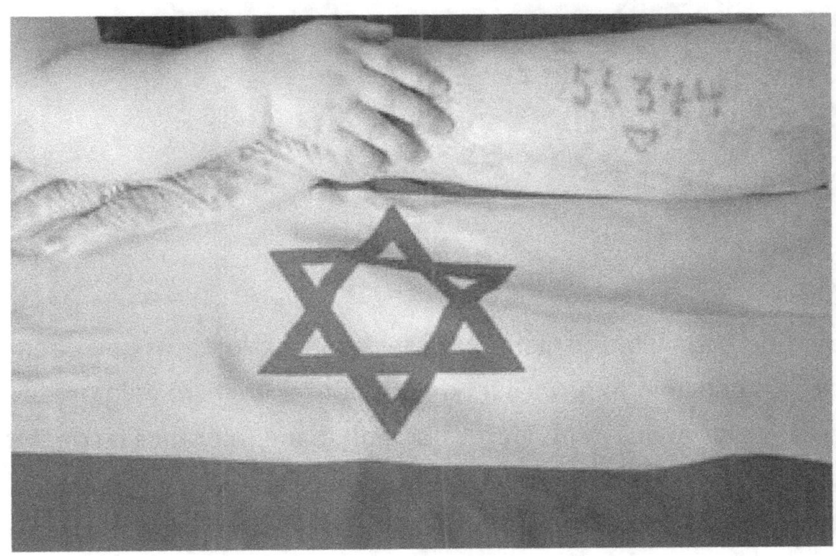

Am Yisrael
Chai!
Amos
9:11-15

A Palavra de Deus é muito clara: para ser abençoado, terás que abençoar primeiro. "Abençoando Jerusalém o ano todo" é um livro cujo objetivo é abençoar a capital de Israel – Jerusalém, de maneira prática e concreta. Não usando nossas próprias palavras, mas proclamando a versículos Bíblicos retirados da Bíblia, da Nova Versão Internacional, Almeida Corrigida e Revisada Fiel e Almeida Revisada Imprensa Bíblica. E mesmo que você não puder vir à Jerusalém pessoalmente, você pode usar esse livro para orar e abençoar a Cidade do Grande Rei sem sair de casa. A cada ano durante o *Pesach* (Páscoa), os judeus dizem uns aos outros, *"LaShana haba'ah, beYerushalayim"* – no próximo ano em Jerusalém! Que o Senhor te abençoe de Sião! E quem sabe? No próximo ano em Jerusalém!

ISBN 978-965-7542-20-0 Paperback 100 pages

www.lulu.com

Sementes ao Vento conta a jornada de Rick Wienecke adentrando-se no sofrimento do povo judeu no Holocausto e na crucificação de Jesus. Em meados da década de 1970, o estilo de vida de Rick o leva a um lugar de desespero, onde ele começa a procurar por Deus. Rick fica fascinado com o nascimento de Israel como uma nação apenas três anos após o Holocausto. Perguntando-se como o povo judeu sobreviveu, não só ao Holocausto, mas também a Guerra da Independência, ele conclui que Deus deve ter algo a ver com os judeus e com esse país. Sentindo-se fortemente atraído por Israel, Rick decide trabalhar em um Kibutz por seis meses. O Senhor o atribui ao povo judeu, à Terra de Israel e ao Messias judeu, Jesus. A linguagem dada a Rick por Deus, através da escultura, cresce e se desenvolve ao lado desses outros pontos de relacionamento. Após seu casamento, Rick e Dafna aprendem a se adentrar na fé e, finalmente, obedecem à 'Encomenda Celestial' de criar a 'Fonte das Lágrimas'. Este 'diálogo de sofrimento' entre o Holocausto e a Crucificação está em Arad e logo também estará em Auschwitz-Birkenau. Sementes ao Vento é a história de como Deus usa um artista talentoso para compartilhar a mensagem do coração do Pai com o Seu povo.

ISBN 978-965-7542-57-6   220 pages - Paperback

Um Diálogo de Sofrimento entre a Crucificação e o Holocausto é um estudo desenvolvido para estudo pessoal ou em pequenos grupos. Este livro também contém muitas fotos da Fonte de Lágrimas. Não com o propósito de ser um exercício intelectual, este material para estudo mostra a conexão e semelhanças profundas que existem entre a Crucificação e o Holocausto. O material é baseado na Fonte de Lágrimas, esculturas representando o Diálogo de Sofrimento entre a Crucificação e o Holocausto Não espere encontrar respostas claras, mas permita que Deus o Pai compartilhe Suas lágrimas pouco a pouco através das perguntas.

ISBN 978-965-7542-60-6 80 pages - paperback

www.lulu.com & www.castingseeds.com

www.ingramcontent.com/pod-product-compliance
Lightning Source LLC
Chambersburg PA
CBHW081255130726
47998CB00010B/2813